里市徽的故事◎太陽門的「門」呢？◎週異於一般教室的方位坐向！◎聖母像的奇蹟◎呈呈爾
換崗儀式◎西班牙三大畫家你認識嗎？◎狄波神殿的由來◎《格爾尼卡》的創作靈感◎到處流
爾尼卡》◎對妻子加拉的愛情是達利最偉大的作品◎提森男爵家族父子倆◎情聖「唐璜」也長
◎吉他名曲《阿蘭惠斯協奏曲》◎坐不一樣的火車去阿蘭惠斯！◎不斷改名字的廣場◎這座騎
了物理學家伽利略！◎世界上少有的墮落天使雕像！◎俏皮的暱稱「有錢的托雷多人」◎歐洲最
溜索◎因為打贏了官司，　　　　　　　　　　　　　　所以畫了這幅畫？！◎迪
的原型◎水道橋也被稱為　　　　　　　　　　　　　　惡魔之橋◎海鮮燉飯、伊
以外的國民美食──烤乳　　　　　　　　　　　　　　豬！◎必買伴手禮──蛋
劍穿心的神蹟傳說！◎觀賞　　　　　　　　　　　　　「懸壁屋」的最佳位置！
中的高第頭像！◎參觀聖　　　　　　　　　　　　　　家堂可以帶：長鏡頭以及
堂◎長期沒有建築許可證的　　　　　　　　　　　　　聖家堂…◎一顆引來糾
果與不協調街區有關係！？◎　　　　　　　　　　　　聖喬治節◎噓～這裡有
巴塞隆納的秘訣！◎電影《香　　　　　　　　　　　　水》拍攝場景──百年草

西班牙：
馬德里
巴塞隆納
安達魯西亞

「早起的鳥兒有蟲吃」是中　　36　　外菜市場不變的真理～
迷路了嗎? 別忘記看看店家號　　　　　　　　　　　　碼！◎主教橋的詛咒傳說
星期天的免費時段！◎一張票參觀六間美術館◎現在常見的《和平鴿》原來出自畢卡索之手！
玻璃窗上竟然有巴塞隆納足球隊的隊徽！◎米羅的超現實異想◎順道來看魔法噴泉◎多明尼哥
角街區無聲的抗議！◎連結聖十字聖保羅醫院與聖家堂的「高第大道」！◎精通於葡萄酒的修
◎高第建築聖家堂時的靈感來源！◎你知道這裡為什麼不叫「奎爾之家」嗎？◎大門上裝飾的
含深意！◎高第其實違規加蓋啦？！◎米拉與眾人都嫌棄的設計！◎龍之門開闔的巧妙機關！◎
小模型◎高第建築中少見的直線這裡看得到！◎古羅馬節重現熱血沸騰的格鬥士戰鬥！◎城牆
道出古城歷史！◎從法庭到監獄一條龍的設計！◎瓦倫西亞版的油條豆漿！◎水利法庭◎聖母像
的傳奇故事！◎重大慶典法雅節的開幕地點！◎身價不斐的法雅公主(fallera)們！◎佛朗明哥舞表
國王登頂希拉達塔不必爬樓梯？！◎為什麼到處都有阿卡乍堡(Alcázar)？◎《冰與火之歌》的粉
了！◎Calle Susona的傳說～尋找某戶門上　　MOOK　　圖案的瓷磚◎阿本瑟拉黑斯廳的由來◎
裡看佛朗明哥舞◎哥多華名菜燉牛尾(Rabo de Toro)你吃了嗎？◎百花巷的熱鬧庭園節(Festival
atios de Córdoba)◎哥倫布就是在這裡爭取贊助的！◎把握開放前的免費參觀時段◎著名的作
裡取景！◎善用地形的處決方式！◎能在這裡穿梭自如才算的上是神車手！◎瓜地斯的穴居
vas)◎莫哈卡隨處可見的Indalo圖騰◎馬德里市徽的故事◎太陽門的「門」呢？◎週異於一般教

contents

本書所提供的各項可能變動性資訊，如交通、時間、價格、地址、電話或網址，係以2024年6月前所收集的為準；但此類訊息經常異動，正確內容請以當地即時標示的資訊為主。

如果你在旅行中發現資訊已更動，或是有任何內文或地圖需要修正的地方，歡迎隨時指正和批評。你可以透過下列方式告訴我們：

寫信：台北市115南港區昆陽街16號7樓
傳真：02-25007796
E-mail：mook_service@hmg.com.tw
FB粉絲團：「MOOK墨刻出版」www.facebook.com/travelmook

西班牙：
馬德里
巴塞隆納
安達魯西亞

36

◎ City Target

contents

Mar Cantábrico

法國 Francia

聖瑟巴斯提恩
San Sebastián

畢爾包
Bilbao

潘普隆納
Pamplona

Victoria Gasteiz

安道爾
Andorra

勾斯
urgos

韋斯卡
Huesca

Portlligat

菲格列斯
Figueres

Soria

Girona

Púbol

薩拉戈薩
Zaragoza

蒙瑟瑞特山
Montserrat

波布列修道院
Monestir de Poblet

巴塞隆納 Barcelona

塔拉戈納
Tarragona

西班牙
SPAIN

Guadalajara

德里 Madrid

特魯埃爾
Teruel

梅諾卡島
Menorca

馬約卡島
Mallorca

阿蘭惠斯
Aranjuez

昆卡 Cuenca

Castellón de la Plana

帕馬 Palma

瓦倫西亞
Valencia

伊比薩島
Ibiza

巴利亞利群島
Illes Balears

Albacete

弗門特拉島
Formentera

阿利坎特
Alicante

穆爾西亞
Murcia

地中海 Mar Mediterráneo

Jaén

格拉那達 Granada

Almería

orremolinos

阿爾及利亞
Algelia

航向西班牙的偉大航道

護照辦理

什麼狀況下需要辦？

未持有護照。

護照效期不足6個月時。

哪裡辦？

首次申請普通護照者，需本人親自至領事事務局或外交部中、雲嘉南、南、東辦事處辦理。若實在無法親辦，也必須先親自到戶籍所在地之戶政事務所辦理「人別確認」，再備齊相關文件，委託交通部觀光局核准之綜合或甲種旅行社代辦(一般加收約300元)。換發護照者不在此限。若想縮短在辦事處等待的時間，建議可先上網於「個人申辦護照 網路填表及預約系統」填寫簡式護照資料表及上傳數位照片。

外交部領事事務局

◎台北市濟南路一段2-2號(中央聯合辦公大樓)3~5樓

☎(02) 2343-2888(總機)、(02) 2343-2807~8(護照查詢專線)

◐週一至週五08:30~17:00，週三延長至20:00(以下各區辦事處皆同)

🌐www.boca.gov.tw

外交部中部辦事處

◎台中市黎明路二段503號1樓(行政院中部聯合服務中心廉明樓)

☎(04) 2251-0799

外交部雲嘉南辦事處

◎嘉義市東區吳鳳北路184號2樓之1

☎(05) 225-1567

外交部南部辦事處

◎高雄市苓雅區政南街6號(行政院南部聯合服務中心)3~4樓

☎(07)715-6600

外交部東部辦事處

◎花蓮市中山路371號6樓

☎ 總機：(03) 833-1041

如何辦？

相關規定在外交部領事事務局網站有詳盡說明，以下僅作簡要介紹。

準備：

◎新式國民身分證正本(14歲以下需準備戶口名簿或3個月內戶籍謄本)。

◎護照專用白底彩色照片2張(6個月內近照)

◎簡式護照資料表

◎法定代理人新式國民身分證正本及監護權證明文件(未滿18歲需要)

◎陪同者新式國民身分證正本(未滿14歲需要、陪同者非法定代理人、限三親等；須附關係證明文件正本)

◎外文姓名拼音(可參考外交部領事事務局網站。換發新護照者，需沿用舊護照拼音)。

◎36歲以下役齡男性，須另外準備退伍令正本或免役令正本(身分證役別欄已註明屬後備役則免)。

◎換發護照者，需準備舊護照。

要多久？
一般為10個工作天，遺失護照則須11個工作天。
多少錢？
護照規費為1300元(未滿14歲者，規費為900元)。
辦理急件，提前9個工作天領取，加收900元。
效期
年滿14歲，10年；未滿14歲，5年

簽證辦理

　　台灣遊客前往西班牙觀光無需辦理申根簽證，只要持有效護照即可出入申根公約國，6個月內最多可停留90天。摩納哥雖然並不屬於申根公約國，但接受國人以免申根簽證待遇入境。有效護照的定義為，預計離開申根區時最少還有3個月的效期。

　　儘管開放免簽證待遇，卻不代表遊客可無條件入境，入境申根國家所需查驗的相關文件包括：來回航班訂位紀錄或機票、英文或法文行程表、當地旅館訂房紀錄或當地親友邀請函、英文存款證明或其他足以證明自己能在當地維生的證明、公司名片或英文在職證明等等。另外，原本辦理申根簽證所需的旅遊醫療保險，雖同樣非入境時的必備證明，但最好同樣投保，多一重保障。

　　目前「歐盟旅行資訊及許可系統」(ETIAS)仍在建置中，預計2025年中開始，國人前往包含法國、義大利、西班牙、葡萄牙等歐洲30個國家和地區，需要事先上網申請ETIAS且獲得授權，手續費€7。ETIAS有效期限是3年，或持有護照到期為止。效期內只要持有效護照及ETIAS即可不限次數出入申根公約國，無需再辦理申根簽證，6個月內最多可停留90天。

歐盟ETIAS官網

🌐travel-europe.europa.eu/etias_en

旅遊諮詢與實用網站

西班牙商務辦事處

📍台北市民生東路3段49號10樓B1室

☎(02)2518-4905

🕐週一至週五09:00~13:00

駐西班牙台北經濟文化辦事處Oficina Económica y Cultural de Taipei

📍Calle Rosario Pino 14-16, Piso 18 Dcha, 28020 Madrid, Espana(Spain)

☎(34)91-5718426

急難救助電話：

☎(34)639384883

🌐www.roc-taiwan.org/es

其他實用網站

西班牙國家旅遊局：www.spain.info

馬德里旅遊局：www.turismomadrid.es

卡斯提亞‧拉曼查旅遊局：www.turismocastillalamancha.com

卡斯提亞‧萊昂旅遊局：www.turismocastillayleon.com

巴塞隆納旅遊局：www.barcelonaturisme.com

安達魯西亞旅遊局：www.andalucia.org

飛航資訊

　　目前從台灣出發並無直航班機飛往西班牙，都需要先飛到歐洲主要城市再轉機，最快的方式是選擇與台灣有直航的歐洲城市(例如：巴黎、倫敦、阿姆斯特丹、羅馬或法蘭克福)，之後再轉機前往馬德里、巴塞隆納、瓦倫西亞等大城。

航空公司	訂位電話	網址
中華航空	(02)412-9000	www.china-airlines.com
長榮航空	(02)2501-1999	www.evaair.com
德國漢莎航空	(02)2325-8869	www.lufthansa.com
泰國航空	(02)2515-0188	www.thaiairways.com
英國航空	(02)2162-6515	www.britishairways.com
法國航空	(02)7752-7422	wwws.airfrance.com.tw
荷蘭航空	(02)7752-7424	www.klm.com.tw
國泰航空	(02)7752-4883	www.cathaypacific.com
卡達航空	(02)8161-3458	www.qatarairways.com
阿聯酋航空	(02)7745-0420	www.emirates.com

西班牙
行前教育
懶人包

基本旅遊資訊
正式國名
西班牙王國(Reino de España)
地理位置
西班牙位於伊比利半島上，東北部隔著庇里牛斯山脈與法國及安道爾公國相連；西部與葡萄牙接壤；最南角銜接英屬直布羅陀。此外，領土還有包括馬約卡島(Mallorca)、伊比薩島(Ibiza)、門諾卡島(Menorca)在內的巴利亞利群島(Islas Baleares)、位於大西洋的加那利群島(Islas Canarias)，及非洲的休達(Ceuta)和梅利亞(Melilla)。
面積
505,944平方公里
人口
約4,859萬人
首都
馬德里(Madrid)

宗教

天主教

種族

卡斯提亞人(Castilian)即所謂的「西班牙人」，約佔總人口的73%；加泰隆尼亞人(Catalonia)約佔15%，多分布於巴塞隆納及其周圍。其他兩大種族為分佈在大西洋沿岸的加利西亞人(Galicia)和生活在北部臨近法國邊界一帶的巴斯克人(Basque)，前者約佔7%，後者約佔5%。另有約1萬多名吉卜賽人(Gypsy)分散在西班牙境內。

語言

卡斯提亞語(即西班牙語)為全國性的官方語言。另有3種地方官方語言：加泰隆尼亞語通行於加泰隆尼亞、瓦倫西亞、巴利亞利群島；加利西亞語通行於加利西亞；巴斯克語通行於巴斯克地區。

電壓

兩國皆為220V，插頭為雙孔圓形。

時差

西班牙冬季比台灣慢7小時，夏令時間(自3月之後的最後一個星期日，到9月最後一個星期六)比台灣慢6小時。

貨幣及匯率

貨幣單位皆為為歐元(€)，匯率約為歐元：台幣＝1:34.9(2024年5月)。

在台灣可直接兌換歐元，可洽各銀行是否有歐元現鈔或旅行支票，或者攜帶美金旅行支票或美金，到當地銀行或遊客服務中心兌換。大部分飯店與商店接受最常用的國際信用卡。另外，須注意一般商店和小型旅館不接受200元以上的歐元現鈔，在換鈔時，應以兌換50元以下面額歐元為主。

網路

一般而言，西班牙的網路使用已相當方便，大多數的飯店、餐廳、車站裡，也多半提供免費無線上網，即使訊號顯示鎖碼，只要向櫃台詢問，消費者通常就能夠獲得密碼，開始免費無線上網。

如果能在機場或市區的通信行申辦可無線上網的4G網卡，對旅途上的幫助相當大。

打電話

公共電話的使用方法和在台灣相同，公共電話即可直接撥打國際電話，接受電話卡或信用卡，電話卡可在電信局、菸攤或報攤購買。

從台灣撥打

002+34+城市區域號碼+電話號碼

從西班牙撥打回台灣

00+886+城市區域碼(去0)+電話號碼

郵政

西班牙郵局稱為Correo，一般營業時間是8:30~20:30(部分至14:30)，此外週日及假日也不營業(馬德里和巴塞隆納的郵政總局除外)。郵票(Sello)可在書報攤購買。

最佳旅行時刻
馬德里與中部高原
　　中部屬於溫帶大陸性氣候，雨量比較少，冬季寒冷，夏季炎熱少雨，日夜溫差可達20℃。夏天時，日照強烈，建議戴帽子，但夏天晚上稍涼，也需帶薄外套。冬天就一定要準備足夠的禦寒衣物。

巴塞隆納與東部海岸
　　地中海沿岸為溫帶地中海型氣候，是夏季避暑和冬季避寒的好地方，溫暖但雨量不多。只是瓦倫西亞一帶，7~8月相當炎熱，有時氣溫會超過40℃，一定要做好防曬準備，並避免中午陽光直射時在太陽下活動。

安達魯西亞
　　春季到秋季都適合旅行的地中海型氣候。6月向日葵田盛開，是最美的季節，但是7~8月的塞維亞和多哥華地區溫度可能超過40℃。地中海岸旁的太陽海岸(Costa del Sol)受到海洋調節，溫度相對穩定，即使冬季依然陽光耀眼。

旅行前，最好要知道的事
自來水可以直接喝嗎？
　　西班牙的自來水可以生飲，自備水壺裝水，能省下不少買水錢。但若是腸胃比較敏感的人，可能還是到店裡買礦泉水喝會比較安心。

要怎麼給小費？
　　雖然大部分飯店、酒吧已收取服務費，但習慣上還是會給一點小費。較正式的餐廳約為帳單金額的5~10%；一般餐廳給€0.5就可以了。在酒吧、咖啡廳，若只是喝杯咖啡或啤酒，不用給小費。飯店幫忙提行李的服務人員，或使用到客房服務(room service)時，則給€1。

完全不一樣的時間觀念？！
　　西班牙人以14:00為中午，因此上午時段是08:00~14:00，下午則是14:00~22:00。下午的時間那麼長，是因為夏天時，太陽到晚上10點都還沒下山呢！所以在安排行程的時候，要以當地人的時間觀念安排參觀景點、逛街購物和解決三餐喔！

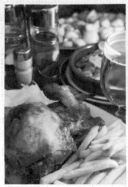

一般的營業時間

◎餐廳

餐廳19:00~20:00才會開門營業,而一般的Tapas小酒館,營業時間就比較彈性,可以隨時點些輕便的食物充飢,或者也可當成正餐。

◎商店

一般的商業時間是10:00~14:00、17:00~20:00,百貨公司則營業至22:00,星期日不營業。

◎景點

旅遊景點大多週一公休,部分夏天還不對外開放或開放時間很短,在做旅遊計劃之前,最好先查詢清楚。

購物可以退稅嗎?

只要不是歐盟國家的人民,在攜帶免稅品離境時,都可以享有退稅優惠。

西班牙無退稅最低消費門檻,在有「Tax Free」標誌的地方(也可詢問店家)購物,請商家開立蓋有店家印章的退稅單據,記得核對姓名、護照號碼等基本資料是否無誤,退稅手續須在3個月內到海關辦妥手續。

要怎麼退稅?

購物時記得要向售貨員索取退稅單,這張單子應由售貨員幫你填寫。

出關時,將所買貨物交給海關退稅櫃台,海關在退稅單上蓋印後即可在機場或邊境的退稅處領取稅款。若你的退稅單上有DIVA字樣,可以直接到退稅處的DIVA機器自行辦理退稅,可以省去排隊的時間。

蓋有海關印章的退稅支票,可以在機場內的銀行兌換成現金,或選擇匯入指定的信用卡或銀行帳戶。

若不幸發生緊急事故該怎麼辦?

萬一遇到緊急事故,可以直接撥打112,不需要輸入區域碼。

警察局(policía municipal):092

救護車(ambulancía):061

消防局(cuerpo de bomberos):080

西文小教室——救命篇

可以幫幫我嗎?	Me podría ayudar?
我要報案。	Quiero hacer una denuncia.
我需要救護車。	Necesito una ambulancia.
我住在_____。	Vivo en _____.
救命!	Socorro!

除了連鎖飯店，還可以住哪裡？

國營旅館Parador

西班牙有一種特別的國營旅館，稱為「帕拉多」(Paradores de España)。帕拉多通常是把一些頗有歷史淵源的建築物，例如城堡、皇宮、修道院、莊園等加以改建，成為兼具古早味與現代化設備的住宿設施。

Paradores de Turismo de España

☞www.parador.es/en

青年旅館Albergues Juveniles

青年旅館大多位於市中心外圍地段，其基本房型是與其他旅人共寢一室的宿舍，通常是上下通鋪，如同學校宿舍一般，價錢則以床位計算，通常與室友多寡成反比，且寢室內多半沒有獨立衛浴。當然，宿舍與浴室是男女分開的。如果是情侶、夫婦與需要私密空間的旅人，青年旅館裡也有獨立衛浴的私人房間，只是價錢沒有比一般平價旅社便宜多少。

國際青年旅舍

☞www.hihostels.com

沙發客Couch Surfing

近年來，年輕人之間開始流行借住他人客廳的旅行方式，稱之為「沙發客」。這是一種省錢又能與當地人直接接觸的方式，不過當然也可能存在某些風險，有興趣的人可以上網站登錄個人資料，切記別忘了多花些時間和屋主溝通！

沙發客平台網站

☞www.couchsurfing.com/places/spain

入住青年旅館注意事項

◎與陌生人同房，財物安全還是要特別小心，通常每人都有一個置物櫃，建議自行準備小鎖頭。

◎毛巾、盥洗用具及餐具皆不會提供，請記得攜帶。

◎洗澡時貴重物品也要隨身攜帶，此時一個能裝下護照、現金及信用卡的防水袋就很有用了！

◎多人同住一間房，若遇上有人打呼、説夢話、晚歸，可能會一夜不得好眠，戴上耳塞或用耳機聽音樂，才能安安穩穩休息。

西文小教室──住宿篇

中文	西班牙文
我要check-in，我的名字是＿＿＿＿，	Quiero hacer el check-in, mi nombre es＿＿＿＿.
這是我的訂房確認單。	Este es mi confirmación de la reserve.
你們還有單人房/雙人房嗎？	¿Hay habitaciones individuales/dobles?
住一個晚上要多少錢？	¿Cuánto por una noche?
我要住2個晚上。	Quiero quedarme dos noches.
退房時間是幾點？	¿Cuál es el horario de salida?
請問有包含早餐嗎？	¿Está incluido el desayuno?
早餐供應到幾點？	¿Será el desayuno se sirve hasta qué hora?
我要辦理退房。	Quiero a la salida.
請問我可以把行李暫時寄放在這裡嗎？	¿Puedo poner mi equipaje aquí temporalmente?
我房間的空調/熱水好像故障了。	El aire acondicionado/agua caliente en mi habitación parece fuera de orden.
能給我一張市區的地圖嗎？	¿Podría darme un mapa de la ciudad?

西班牙
交通攻略

鐵路系統

西班牙國營鐵路簡稱為RENFE,交通網還算密集,各大城市之間的銜接都能利用鐵路往返,此外,每個區域也都有各自的區域火車行駛於小鎮間;唯一美中不足的是,區域火車班次有限,一些較偏遠的小鎮仍須轉搭公車才能抵達。

西班牙國鐵

🌐 www.renfe.com

高速火車AVE和AVANT

AVE

全名為「西班牙高速火車」(Alta Velocidad Española),最快時速可達300公里以上。

目前共有「馬德里–巴塞隆納」、「馬德里–韋斯卡」、「馬德里–塞維亞」、「馬德里–馬拉加」、「馬德里–格拉那達」、「馬德里–菲格列斯」、「馬德里–阿利坎特」、「馬德里–穆爾西亞」、「馬德里–瓦倫西亞」、「馬德里–萊昂」、「巴塞隆納–塞維亞/格拉那達/馬拉加」、「瓦倫西亞–塞維亞」共12條路線。

AVANT

原稱「中程高速火車」(AV Media Distancia),目前有「A Coruña–歐倫塞」、「巴塞隆納–菲格列斯」、「巴塞隆納–Lleida」、「巴塞隆納–Tortosa」、「Calatayud–薩拉戈薩」、「格拉那達–塞維亞」、「馬德里–Puertollano」、「馬德里–Valladolid」、「馬德里–托雷多」、「馬拉加–塞維亞」、「馬拉加–格拉那達」、「穆爾西亞–

阿利坎特」、「歐倫塞–A Coruña」、「托雷多–Albacete」、「瓦倫西亞–Requena Utiel」共15條路線。

長程特快列車Larga Distancia

西班牙長程火車種類繁多,是往來於國境內城市間非常便利且班次頻繁的交通工具,無論是搭乘下述哪一種,都必須事先訂位。

ALTARIA

將馬德里與Algeciras、格拉那達、Cartagena和穆爾西亞等南部城市相連。分為頭等車廂

(Preferente)和旅遊車廂(Turista)，頭等車廂座位每排為2人、1人，可享迎賓飲料、免費報紙、以及送餐到位等服務，旅遊車廂則為2人、2人座位，可欣賞影片或聆聽音樂。

ALVIA
行駛於馬德里到Alicante、畢爾包、卡地斯、潘普隆納、Gijon、桑坦德等地，或巴塞隆納到畢爾包、Vigo等地的ALVIA，分為頭等車廂和標準車廂(Standard Clase)兩種，頭等車廂舒適寬敞，可享迎賓飲料、免費報紙、以及送餐到位等服務；標準車廂在每排走道兩邊各有兩個座位，車廂提供視聽服務。

AV City
為支援AVE、票價較為便宜的火車分線，目前有「馬德里－馬拉加」、「馬德里－塞維亞」、週四至週日行駛的「馬德里－薩拉戈薩」以及週五至週六行駛的「馬拉加－瓦倫西亞」共4條線，分為Turista車廂和Turista Plus車廂。

Euromed
最高時速可達每小時220公里的Euromed，是

行駛於「巴塞隆納－Alicante」間快速且便捷的火車，車廂分為頭等和旅遊兩種，頭等廂座位每排為2人、1人，可享迎賓飲料、免費報紙、以及送餐到位等服務；旅遊車廂則為2人、2人座位。

TALGO
往來於西班牙主要大城的TALGO，時速約在160~200公里之間，同樣分為頭等和旅遊車廂兩種，座位分別為每排2人、1人和2人、2人，均提供視聽服務。

夜車

◎火車旅館TRENHOTEL
TRENHOTEL屬於頂級夜車，行駛路線分為西班牙境內與國際路線，境內主要往來於馬德里到Ferrol之間，以及巴塞隆納到Vigo之間；國際則往來於馬德里與葡萄牙里斯本之間。TRENHOTEL提供臥鋪房間鑰匙，分為擁有整套獨立衛浴的豪華車廂Cama Gran Clase、配備洗手台及2人一室的頭等艙Cama Preferente，以及4人一室的Cama Turista普通艙，也同樣配備洗手台。至於座位車廂也分頭等和旅遊兩種。

地區火車Regionales
地區火車是行駛於大城市與地方城鎮間的火車，主要分布在西班牙中部、安達魯西亞、加泰隆尼亞以及加利西亞等地區。

該火車分為快速火車(Regional Express或TRD)和普通火車(Regional)兩種，像是從馬德里前往塞哥維亞，或是巴塞隆納前往菲格列斯，都屬於地方火車的營運範圍，像TRD這類快速地區火車必須事先預訂座位。

近郊火車Cercanías
近郊火車主要行駛於大城市和城市近郊，像是從馬德里前往艾斯科瑞亞皇宮，或是從阿托查火車站前往查馬丁火車站等等，班次相當頻繁，且每條路線均有固定月台，不但是城市往來郊區的最佳選擇，同時有時可取代地鐵，以更快的方式穿行於城市間。

目前西班牙擁有近郊火車路線的城市包括馬德里、巴塞隆納、塞維亞、瓦倫西亞、薩拉戈薩、聖瑟巴斯提恩、桑坦德、畢爾包、Murcia/Alicante和Asturias。搭乘郊區火車採自由入座方式。

Did YOU KnoW

歐鐵旅行的好幫手─
Eurail/Interrail Rail Planner

目前火車通行證皆以電子票券的方式發行，持火車通行證搭乘歐鐵旅行，須在手機下載 Eurail/Interrail Rail Planner APP，不但可以快速查詢班次、將行程收納列表，還可以利用APP直接訂位。而系統也會把行程中強制訂位的車次特別標色註記，這樣就不用擔心不知道哪班車需要訂位。

Eurail Rail Planner APP
www.eurail.com/en/plan-your-trip/rail-planner-app

票券種類

火車通行證

　　搭火車最優惠且方便的方式就是擁有一張火車通行證。通行證可在有效期限內不限次數搭乘西班牙RENFE的所有車種，但在西班牙通行證搭乘長程特快列車和高速火車，還需依車廂不同補足價差。

如何買票

　　目前歐洲聯營火車通行證與單國國鐵火車通行證皆改為電子票，無論在國內外，皆可線上向有代理歐鐵票務的旅行社購買。在台灣是由飛達旅行社代理，可至其官網查詢相關資訊，或直接撥打專線電話聯絡。

飛達旅遊

(02) 8161-3456
LINE 線上客服：@gobytrain
www.gobytrain.com.tw

西班牙單國火車通行證

票種	成人個人票		青年個人票		熟齡個人票	
艙等	頭等艙	普通艙	頭等艙	普通艙	頭等艙	普通艙
1個月內任選3天	245	193	196	167	220	174
1個月內任選4天	284	223	227	194	256	201
1個月內任選5天	317	250	254	217	286	226
1個月內任選6天	349	274	278	238	314	247
1個月內任選8天	404	318	323	275	364	287

＊單位：歐元/每人。

＊票價不含訂位、餐飲及睡臥鋪之費用。

＊4~12歲兒童與成人同行免費，不適用於青年票或熟齡票，每位成人可攜帶至多兩名4~12歲兒童（不需為血親），兒童免費票一定要跟成人的火車通行證在同一個裝置上使用，兒童和成人必須為同樣的居住國家。持免費的兒童訂位，仍需支付訂位費。

＊青年票適用於已滿12歲但未滿28歲之青年。

＊熟齡票適用於已滿60歲之長者，且不得單獨於兒童免費票使用。

其他優惠

在火車通行證有效期限內，依各國提供之優惠不同，可享各式周邊優惠，例如：渡輪、機場接駁、市區交通、博物館折扣等。詳細優惠請上飛達旅遊官網查詢。

點對點火車票

如果只去一、兩個城市，或多為區域間短程移動，購買點對點車票就已足夠。一般火車票均可在火車站或官方網站上購得，如果只是搭乘近郊鐵路或普通地方火車，由於不需訂位，可以直接在自動售票機或附設於火車站出入口的服務櫃檯購買即可。

一般只購買車票的乘客，通常購買AVE和長程特快列車60天以內的來回票，可享20%的折扣；購買中程火車15天以內的來回票，可享10%的折扣；購買AVANT 15天以內的來回票，也可享10%的折扣。必須注意的是，優惠票在退票或換票上可能會有限制。

長途巴士

西班牙因為幅員廣大，長途巴士還細分為國際路線、城際路線、區域內近郊路線等。

在大城市裡往往有好幾個巴士總站，分別經營不同的路線，如馬德里就有巴士南站〈Estación Sur de Autobuses〉、美洲大道站〈Intercambiador de Avenida de América〉、皮歐王子站〈Principe Pio〉等，幾乎所有往來於國際間的巴士和長途巴士都停靠在南站，而往來於西班牙北部、近郊和機場的巴士則停靠在美洲大道站。所以搭巴士前要先弄清楚應該從哪個總站出發。

西班牙主要的長途巴士公司：

Alsa

西班牙最大的長途巴士公司，行駛網路遍及全國大城小鎮。

🌐 www.alsa.es

Avanza

Avanza集團成立於2002年，是當年整合Auto Res、Tuzsa, Vitrasa等3家巴士公司而成，旗下還有眾多子公司經營不同地區的地方巴士網。

🌐 www.avanzabus.com

FlixBus

歐洲市占率最高的長途巴士公司，2019年整合Eurolines和Isilines兩大巴士品牌。

🌐 global.flixbus.com

Samar

經營往返法國的國際線、數條城際線和馬德里、托雷多等地的近郊線。

🌐 samar.es

Socibus

專門經營以哥多華〈Córdoba〉、塞維亞、卡地斯〈Cádiz〉等安達魯西亞城市為核心的區域巴士。

🌐 socibusventas.es

Transportes Generales Comes

🌐 www.tgcomes.es

Casal

🌐 www.autocarescasal.com

租車自駕

西班牙大致上路況都算良好，除了靠近大城市的都會區域以外，交通順暢不雍塞，高速公路遍及各地，如果行程上要移動的地點多，自駕是讓行程比較有彈性的交通方式。此外，沿途風光明媚，一張張明信片中的風景在眼前輪番出現，開車就是一種至高無上的享受，特別推薦西班牙安達魯西亞地區。

先行預約

由於歐洲多為手排車，如果到了當地才臨櫃辦理，經常租不到自排車，建議先在網路上預約，不但可以好整以暇地挑選車型，還能仔細閱讀價格計算方式及保險相關規定，租起來比較安心，也不需擔心語言溝通問題。

大型租車公司多有提供甲租乙還的服務，但需另外加價，如果選擇當地租賃業者，可能就無法提供此服務。需注意的是，有些便宜的優惠方

案，會限制每日行駛的里程數，超出里程需加收額外費用，如果知道自己的移動距離較遠，記得選擇不限里程的方案。

Hertz
🌐www.hertz.com

Avis
🌐www.avis.com

Europcar
🌐www.europcar.com

Budget
🌐www.budget.com

臨櫃辦理

每家公司標準不太一樣，一般規定年滿21~25歲之間可租車。若事先已於網路上預約，需要準備以下證件臨櫃取車：

◎ 租車的預約確認單
◎ 國際駕照
◎ 台灣駕照（一年以上駕駛經歷）
◎ 與租車人同名的信用卡

保險

租車的保險都是以日計價，租得愈久，保費愈貴。第三責任險(Liability Insurance Supplement，簡稱LIS)是強制性，此外，比較需要考慮的有碰撞損毀免責險(CDW)、竊盜損失險(TP)、人身意外保險(PAI)、個人財產險(PEC)，可視個人國內保險的狀況決定是否加保。

雖然交通意外不常發生，但在人生地不熟的地

方開車，A到刮傷時有所聞，因此強烈建議CDW一定要保。希望獲得全面保障的話，強烈建議直接投保全險(Full Protection)，也就是所有險種一次保齊。若是駕駛不只一位，一定要把所有駕駛都寫上，否則會影響到保險理賠。

注意事項

西班牙是左駕，交通規則和台灣大同小異，且道路標示清楚，只是市區中單行道很多，如果可以，建議同時租用GPS，或是在當地租用4G行動上網，並開啟導航模式，以下幾點須多加注意：
◎車燈需要全天候開啟。
◎務必禮讓行人和腳踏車。
◎圓環一律是逆時針方向單行，圓環內的車輛有優先行駛權，出圓環記得打方向燈。
◎路上少有測速照相，但偶爾有警察取締。
◎加油時禁止使用手機。
◎西班牙的治安不是很好，下車時千萬不要把貴重物品留在車上。

時速限制

西班牙的時速限制如下：
高速公路：120km/h
國道或快速道路：100km/h
一般道路：90km/h
市區道路：50km/h

還車

還車時不一定有服務人員立即檢查確認，如果沒有現場人員，在租車公司的指定停車格停妥，並把鑰匙還給櫃檯人員或是丟進還車鑰匙箱即可。務必在還車前先把油加滿，因為沒有滿油的話，會被收取不足的油錢，而租車公司的油價絕對比石油公司高很多。

加油

加油站大多採自助式，可選擇直接使用信用卡付費，或是至加油站附設的便利商店內付費。

若是選擇商店付費，需要先進入商店預先購買指定的加油金額，或是先告知店員使用的油槍號碼，再回到車子旁自行拿油槍加油，可以用現金或信用卡付費。加油前請先確認汽柴油種類。

道路救援

道路上如果發生拋錨、爆胎、電瓶或汽油耗盡等狀況時，車鑰匙上通常會有道路救援的免付費電話號碼，而道路救援的費用則會在還車後顯示在信用卡簽單上(拋錨停在路肩時，別忘了在車後100公尺放置三角警示牌)。若是具有責任歸屬的交通事故，除了通知租車公司外，也必須報警處理，並在警察前來勘驗前，保留事故現場。

停車

停車場會有P的標誌，在入口自動按鈕取票，離開時至繳費處或是利用自動繳費機繳費。24小時營業的停車場，在夜間會另有不同的過夜費率計算。

市區停車格一般分為白、藍、綠以及橘黃4種顏色。白色為免費停車格，藍色為付費車格，綠色主要是給居民使用，橘黃色的規定則依區域不同規定差異較大。路邊付費停車格都採用先繳費制，停車格附近一定能找到售票機，通常最多可預付2小時停車費，投幣後會列印出有效時間的停車單，只要把停車單夾在擋風玻璃內側即可。每小時停車費依路段不同，若沒有照規定執行，可能需要繳納一倍以上罰金！一般來說，平日14:00~16:00、週六14:00以後到週一的收費時段開始前都是免費。

過路費

大部份道路免費通行，但高速公路需要收費，若不想付過路費，還是可以選擇其他替代道路。高速公路收費方式分為人工(現金或信用卡)和電子收費(Via T)。

🌐www.autopistas.com

玩西班牙要**吃什麼**？

好的西班牙料理並非一定要在昂貴的餐廳中才能享用得到，事實上即使是路邊的小酒館，或者在私人家中，都有讓人意想不到的驚喜。新鮮的地區性食材，在每道料理中扮演著關鍵的角色，而西班牙各個省份的氣候、地理環境與歷史，更造就出各區多元性的美食。

西班牙海鮮飯
Paella

東北方的加泰隆尼亞省(Catalunya)以橄欖、葡萄園、海鮮等料理聞名，而獨特的醬汁更是讓此區美食迷人的要訣。素有「西班牙米鄉」之稱的瓦倫西亞，更以西班牙海鮮飯聞名全球。

火腿Jamón

西班牙的火腿種類繁多，主要分為以伊比利亞黑豬肉製作的伊比利亞火腿(Jamón Ibérico)與以白豬肉製成的塞拉諾火腿(Jamón Serrano)。

蕃茄冷湯
Gazpacho

以蕃茄為基底的新鮮蔬菜湯，源自於當地炎熱的氣候，據說有防止中暑的功效。

橄欖油
Aceite de oliva

西班牙為全球最大的橄欖油生產國，其中最有名的橄欖品種為Picual(畢夸爾)，主要種植在安達盧西亞，特徵是帶有苦味和辣味。另外還有Cornicabra、Arbequina、Hojiblanca以及Empeltre等品種。

炸魚
Pescados Fritos

炸魚也是安達魯西亞的名產，簡單地炸過後即可上桌，吃之前淋上清爽的檸檬汁提味。

吉拿棒
Churros

西班牙式的炸油條，同樣經常出現在早餐桌上。不過西班牙人發現它和熱巧克力滋味頗搭，所以又喜歡把它拿來沾熱巧克力，也是當地常見的吃法。

烤乳豬
Cochinillo Asado

烤乳豬是塞哥維亞的特產，選用3~4公斤大的小豬，以大蒜和丁香等香料浸泡後再以藥草薰烤，上桌時必須達到皮脆肉嫩、能夠直接以盤子切開的程度。

燉牛尾
Rabo de Toro

由於鬥牛風氣興盛，燉牛尾也成了安達魯西亞的名菜之一，牛尾先以蜂蜜醃製過，再連同水果一同熬煮，煮到完全入味、肉質軟嫩、膠質盡出。

西班牙蛋餅
La Tortilla

Tortilla是是馬鈴薯加蛋攪拌煎成的蛋餅，純粹以馬鈴薯和洋蔥烹調而成的蛋餅稱為Tortilla Española；以火腿、大蒜、蕃茄烹調的則稱Tortilla Murciana；格拉那達著名的Tortilla del Sacromonte裡面則加了蠶豆、羊腦和羊睪丸。

各式下酒菜
Tapas

烤沙丁魚 **Sardinas**

對什麼都想要嚐一點的貪心饕客來說，西班牙小酒館就是天堂，多達數百種的下酒小菜，幾乎要搶過酒類的風采。每道份量都不多，特色是花樣多變，每家酒館端上檯面的Tapas也不盡相同。

Pan con tomote

流行於加泰隆尼亞地區，麵包烤至焦脆，塗上蕃茄泥和大蒜泥，最後再淋上橄欖油。

蕃茄麵包

炸花枝

Calamares fritos

綜合拼盤

Verbena de Canapes

由各種乳酪、煙燻火腿、臘腸組成的拼盤，相當澎湃，如果只想點一樣下酒菜，非綜合拼盤莫屬。

油漬淡菜 **Mejillones en esecabas**

Albondigas

源自阿拉伯地區的傳統菜，以蕃茄醬汁燉煮牛肉丸子，加入乳酪、小茴香等增加風味，通常是事先做好，需要時再分裝乘盤。

燉肉球

Langostinos

烤蝦

涼拌沙拉

Ensalada ole

蕃茄、各式乳酪、醃漬橄欖等淋上橄欖油涼拌，相當開胃。

Ensalada Rusa

蕃茄、洋蔥、甜椒、章魚等切絲，與橄欖油和醋一起涼拌，有時也會加入淡菜。

海鮮沙拉

蝦仁沙拉佐美乃滋

Ensalada de gambas

玩西班牙要買什麼？

西班牙有著令遊客血脈賁張的吸引力－購物！無論是在國際時尚伸展台上占有一席之地的Camper、Loewe、或是創造平價時尚的Zara和Mango、還是因創意設計吸引死忠粉絲的Camper、甚至就連紀念品店店色彩繽紛的陶瓷器，都讓人愛不釋手，無論荷包深淺、胖瘦，誰都能在西班牙這個大百寶箱中，發掘自己心愛的寶物。

設計商品

西班牙知名藝術家和建築師輩出，因此眾多美術館或景點都推出設計感洋溢的商品，其中最受歡迎的，就屬以高第色彩繽紛的建築為發想的紀念品。

雪莉酒

雪莉酒以它的產地邊界的赫雷斯命名，然而許多人搞不清楚，在西班牙稱之為Jerez，為什麼到了美洲或其他地方卻成了Sherry，事實上赫雷斯源自於阿拉伯文的Sherish，也因此出現了這樣看似相差十萬八千里的差異。

喝酒不開車，開車不喝酒

足球商品

足球是西班牙的國民運動，當地人瘋狂的程度令人咋舌，球衣、加油圍巾、帽子充斥著紀念品店。

佛朗明哥用品

在當地想要買到專業的舞衣或舞鞋，以及美麗的披肩和髮飾，自然是件易事，特別是在安達魯西亞地區，有不少歷史悠久的專賣店。

陶瓷器

喜歡色彩繽紛的瓷器，倒是有不少小鎮可以買到價格便宜且洋溢地方風情的瓷盤與瓷磚等器具，特別是在哥多華或白色山城。

鑲嵌工藝

相當獨特的托雷多鑲嵌工藝(Damascene)，是在黑色的金屬上仔仔細細地嵌進去金線、銀線、銅線等，不同材質的金屬線便在黑底上形成深淺有別、層次分明的花紋。

杏仁餅

托雷多街上的糕餅店必定展示一種名為「Mazapan」的小點心，這是當地特產的杏仁餅，以杏仁和砂糖製作，從伊斯蘭政權統治時代傳承至今。

蛋黃甜點

在西班牙許多城鎮，都會賣一種叫做「Yemas」的蛋黃甜點，這種甜點的主要原料是蛋黃，加上糖漿、檸檬汁、肉桂等製成，吃起來非常甜，還飄著一股濃郁的蛋黃味，相當特別。

Women'secret

提供各式各樣舒適的居家衣物，風格多樣，橫跨甜美、可愛、性感……相當受到當地女性的喜愛。

Loewe

Loewe不但跨足女性包包設計，更採用蛇皮、鱷魚皮等昂貴皮革，1905年時它的老顧客將其引薦給西班牙皇室，從此使它成為奢侈品牌的代名詞。

Adolfo Domínguez

Adolfo Domínguez原本只是一家1973年開業於歐倫塞(Ourense)的裁縫店，後來，打出「皺摺美」(La arruga es bella)的口號，並發展出改革西班牙時尚產業的中高價位時裝，如今他的設計遍布歐洲、美洲、日本和東南亞。

TOUS

TOUS的飾品幾乎都看得到渾圓可愛的熊熊點綴其間，高雅中又帶著一絲俏皮，所以受到各個不同年齡層的歡迎。TOUS和Loewe、Zara並列為西班牙的三大時尚品牌。

Camper

Camper擅長將色彩豐富且創新有趣的圖案運用於設計上，使得它充滿幽默感的鞋子很快地風靡西班牙，甚至席捲全球，Pelotas系列更是它最暢銷的款式。

Lupo

以創造獨特且高品質的商品為目標，簡潔的線條和精美的做工是Lupo的特色，兼具都會優雅感與實用性。

Lladró

Lladró最著名、姿態寫實且面容逼真的陶瓷人偶。該瓷偶以一種獨特的硬瓷混合物為材質，並添加某種祕密配方的釉彩，以賦予它們獨特的個性。

航向馬德里的偉大航道

如何前往
飛機

目前從台灣出發並無航班直飛馬德里，但是透過瑞航、德航、荷航、英航、土航、卡達、阿聯酋等航空，都能輾轉抵達馬德里。

馬德里的巴拉哈斯國際機場(Aeropuerto de Barajas，機場代號MAD)，位於馬德里市區東北方約12公里處，該機場共擁有4個航廈T1、T2、T3、T4，視航空公司不同停靠不同航廈，一般從亞洲起飛前往的航班多停靠於T1和T2。T1~T3航廈之間以通道相互連接，最後落成的T4與前三者相距略遠，彼此之間有免費的巴士穿梭接駁。

國際機場內附設24小時的旅館訂房櫃台、匯兌中心、西班牙國鐵辦事處、租車公司櫃檯，以及馬德里旅遊服務中心等設施。

巴拉哈斯國際機場
🌐www.aeropuertomadrid-barajas.com
西班牙機場與航行區域網站
(Aeropuertos Españoles y Navegación Aérea)
🌐www.aena.es

火車

從巴賽隆納搭乘AVE直達馬德里約2.5~3小時。

馬德里有3大主要的火車站，分別是位於北邊的查馬丁火車站(Estación de Chamartín)、南邊的阿托查火車站(Estación de Atocha)，以及西北方的皮歐王子火車站(Estación de Príncipe Pío)。

◎阿托查火車站

為遊客旅遊西班牙最常使用的火車站，該火車站分為兩部分：Atocha Cercanías車站為馬德里近郊和中長程列車的停靠之處，前往艾斯科瑞亞(El Escorial)、阿蘭惠斯(Aranjuez)等便是從這裡搭車；Puerta de Atocha則是往來於巴塞隆納或安達魯西亞的高速火車AVE，或是前往Toledo等長程特快列車AVANT、ALARIS等快速長程列車的停靠站。阿托查火車站有地鐵1號線經過。

◎查馬丁火車站

主要供行駛於西班牙北部的AVE或長程特快列車，以及往來於巴黎或里斯本國際列車使用，從這裡可以搭乘地鐵1、10號線或近郊火車Cercanías與其他景點接駁。

◎皮歐王子火車站

僅提供馬德里近郊鐵路使用，因此遊客使用的機率不高，從這裡可以轉搭6號、10號和R線地鐵。

詳細火車時刻表及票價可上西班牙國鐵網站或至火車站查詢，購票及火車通行證資訊請見P.17。

西班牙國鐵網站：www.renfe.com
歐洲國鐵網站：www.raileurope.com

長途巴士

從巴賽隆納搭乘Alsa的長途巴士前往馬德里，車程約8小時。

市區有多處巴士中繼站，其中最大的要屬南站(Estación Sur de Autobuses)，幾乎所有往來於國際間的巴士和長途巴士都停靠此站，位於阿托查火車站西南方約1.5公里處，附近可轉搭6號地鐵往來於馬德里。

美洲大道站(Intercambiador de Avenida de América)除了有巴士前往機場和近郊外，往來於西班牙北部的巴士也多以此為起迄點，附近可搭乘4、6、7、9號地鐵。

詳細情形可上巴士中繼站或巴士公司網站查詢。

南站
🚏 C/ Méndez Álvaro 83
☎ 468-4200
🌐 estacionsurmadrid.avanzagrupo.com
美洲大道站
🚏 Avenida de América 9
主要巴士公司
Alsa
🌐 www.alsa.es
Auto Res
🌐 www.avanzabus.com
Socibus
🌐 socibusventas.es

機場至市區交通
近郊火車Cercanías

西班牙國鐵營運的近郊火車1號線(C1)，北端終點即是T4，從阿托查火車站(Estación de Atocha)出發車程約30分鐘，查馬丁火車站(Estación de Chamartín)出發車程約15分鐘；前往其他航廈可於抵達後再利用免費接駁巴士。

🚌 前往市區06:02~00:02，前往機場05:15~23:19；約每30分鐘1班
💶 單程€2.6。來回€5.2。持國內長途車票或AVE高速鐵路車票可免費搭乘
🌐 www.renfe.com

地鐵Metro

地鐵8號線(L8)北端的終點即是機場(Aeropuerto)，T1~3皆在「Aeropuerto T1-T2-T3」站下車，地鐵站的位置靠近T2的中心位置，前往市中心約13~15分鐘；T4則為終點站，在

「Aeropuerto T4」下車，距市中心約20分鐘。
🚌 06:05~02:00
💶 地鐵A區單程票€1.5~2，另需加上€3機場附加費
🌐 www.metromadrid.es

機場巴士Exprés Aeropuerto

快捷的機場巴士(Exprés Aeropuerto)往返於機場T1、T2、T4與市區之間，每天24小時營運，在市區內6:00~23:30之間停靠阿托查火車站的外側，深夜則停靠希比雷斯廣場(Plaza De Cibeles)，車程約40分鐘。除了機場巴士外，尚有101、200號公車往返於機場與馬德里市區之間。
Exprés Aeropuerto
🚌 06:00~23:30之間，每15到20分一班；23:30~06:00之間，每35分一班次
💶 單程€5
🌐 www.crtm.es

長途巴士

若打算從機場直接往返瓦倫西亞(Valencia)、卡斯提揚(Castellón)等地，T1和T4有Avanzabus巴士公司的直達車；往返莎拉曼卡(Salamanca)，可從T1和T4搭乘Avanzabus巴士公司的直達車；往返聖地牙哥(Santiago)、奧維耶多(Oviedo)、薩拉哥薩(Zaragoza)等地，T4有Alsa巴士公司的直達車；往返安達魯西亞地區的各大城，可從T1搭乘Socibus巴士公司的直達車。

計程車Taxi

馬德里往來與機場間的大眾交通運輸方便且班次頻繁，因此運用到計程車的情況實在不多。馬德里的計程車採跳表計費方式，平日、假日和夜間的最低收費均不同，從機場前往市中心大約需要20~30分鐘的時間，統一車資為€33，已包含行李費用。

馬德里行前教育懶人包

INFO
基本資訊
人口：約3,332,035
面積：604.45平方公里
區碼：(0)91

行程建議

馬德里是西班牙交通系統的核心，周邊可選擇的景點又多又精采，是非常理想的旅遊據點。建議以馬德里為基地，至少用2天的時間好好探索這個城市，然後再將足跡拓展至鄰近小城鎮。

舊城歷史之旅

走進皇宮內見證曾經強盛的西班牙帝國榮光、皇室赤足女子修道院內欣賞藝術珍藏，在主廣場駐足喝杯咖啡享受馬德里的陽光。

藝術與自然之旅

普拉多大道綠蔭蔽天，與麗池公園於2021年被列為世界文化遺產，雷提諾公園有媲美紐約中央公園的魅力，而三間精彩絕倫的美術館錯落兩旁，絕不能錯過與巴黎羅浮宮、倫敦大英博物館並列世界三大博物館的普拉多美術館。若在鬥牛賽期間到訪，前往凡塔斯鬥牛場參與一場熱血沸騰的競賽，更是不可多得的體驗。

周邊小旅行

若還有時間，曾擔任西班牙首都的小城托雷多，羅馬水道橋橫亙市區的浪漫山城塞哥維亞等，都相當適合一日遊。

優惠票券
藝術大道套票(Paseo del Arte Pass)

　　這張套票可同時參觀普拉多美術館、國立蘇菲亞王妃藝術中心以及提森·波尼米薩美術館的常設展。套票期限從購買日起一年或是購買時選擇的期限，有了這張套票可以直接進館參觀，免去排隊買票的時間。

要怎麼買票？

　　只需到這任何三家美術館的官網上訂票，一張套票的價格是三家博物館總票價的8折。套票自購買後一年內皆可使用，一年內不限時間可參觀三家博物館各一次。可由三家博物館售票處購票或是線上購票。

⑤€32 (每年票價可能異動，請參考各美術館官網)

前衛風氣多虧了「馬德里文化革命 Movida Madrileña」！

經歷弗朗西斯科·佛朗哥將軍(General Francisco Franco)將近四十年的獨裁統治，1975年繼任者胡安·卡洛斯(Juan Carlos)恢復民主政體，因此人們在首都馬德里的街頭四處慶祝重獲自由，最後演變為一場文化運動——Movida Madrileña(簡稱La Movida)。受到歐美大城的龐克文化啟發，馬德里在各領域紛紛提出如奇裝異服、男扮女裝、性解放、裸露等文化反動的概念，這場革命影響至今，現在馬德里仍因為整個城市的活力而聞名。

觀光行程
馬德里觀光巴士Madrid City Tour

　　馬德里市區之中經常可見的紅色雙層觀光巴士，遊客輕鬆地坐在上面，透過耳機選擇適合自己的語言版本，即可藉著語音導覽以最速成的方式大略認識馬德里一圈。有兩條路線，每天巡迴繞行太陽門、主廣場、格蘭維亞大道、西班牙廣場、皇宮、普拉多美術館、凡塔斯鬥牛場等重要景點，期限內可任意上下車，繞一圈約70~105分鐘。

🚇上網預購、上車購票，或是在市區內的票亭購買
🕐3~10月09:00~22:00，每10~15分鐘一班；11~2月10:00~18:00，每20~30分鐘一班
💶1日券成人€25、優待票€11；2日券成人€30、優待票€15。網站購票另有折扣
🌐madrid.city-tour.com/en

旅遊諮詢
主廣場遊客中心
📍P.34C2

🚇地鐵1、2、3號線於Sol站下；或地鐵2、5、R號線於Ópera站下
🏠Plaza Mayor 27
📞578-7810
🕐09:00~20:00
🚫1/1、12/24~25、12/31
🌐www.esmadrid.com

CentroCentro遊客中心
📍P.35E2
🚇地鐵2號於Banco de España站下
🏠Plaza de Cibeles 1
🕐10:00~20:00
🚫週一、1/1、1/6、5/1、12/24~25、12/31

阿托查車站遊客中心
📍P.35E3
🚇地鐵1號於Estación del Arte站下
🏠Glorietadel Emperador Carlos V, s/n
🕐平日08:00~20:00、週六08:00~15:30、週日09:00~14:00

巴拉哈斯機場遊客中心
🏠T2及T4航廈
🕐08:00~20:00

馬德里市區交通

大眾交通票券

馬德里的地鐵、巴士和輕軌電車等費用依A到E區適用範圍而收費有所不同，市區內主要的觀光景點幾乎都集中在A區之內，所以建議買A區的票就很夠用了。馬德里地鐵現已取消紙本票券，搭乘地鐵需購買類似台灣悠遊卡的「Multi Card」，所有交通票券都可綁進Multi Card中。你把Multi Card想像為一個和同行的人一起使用的小錢包，卡片不記名、可多人使用、效期10年，裡面最多可以裝載儲值3種交通票券。

Multi Card (Tarjeta Multi)
⑤€2.5
🌐www.crtm.es/billetes-y-tarifas/tarjeta-multi.aspx?lang=en

交通旅遊卡(Tourist Card)

專為遊客設計的交通旅遊卡，分為可隨意搭乘馬德里市中心巴士、地鐵和火車的A區(Zone A)票，以及除市中心外還涵蓋前往托雷多與Guadalajara等地巴士的T區(Zone T)票。交通卡可於機場T2、T4或市區任一地鐵站購買。
⑤

	1天票	2天票	3天票	4天票	5天票	7天票
A區	€10	€17	€22.5	€27	€32.5	€42
T區	€15	€25.5	€34	€42	€49	€61

馬德里交通運輸協會
(Consorcio Transportes Madrid)
☎580-4260 🌐tarjetatransportepublico.crtm.es

地鐵Metro

地鐵以數字畫分為12條線，再加上往來於皮歐王子火車站和歌劇院之間的R線，總共有13條線。地鐵線名前冠有「L」。

遊客必用地鐵站
◎往來於太陽門廣場的Sol站
◎皇宮附近的Ópera站
◎普拉多美術館一帶的Banco de España站

遊客常用地鐵線

◎前往阿托查火車站的1號線
◎皇家馬德里球隊主場貝納塢球場與查馬丁車站的10號線
⊘約06:00~01:30
⑤5站內單程票價€1.5，之後每站追加€0.1，10站後車資皆為€2。10回券(10 Viajes)€12.2，有時推出半價優惠€6.1
🌐www.metromadrid.es

近郊火車Cercanías

和地鐵同在地面下行駛，但車站等各處皆標示著像是倒栽蔥的「C」的號誌則是近郊火車，以阿托查和查馬丁火車站為中心，共有10條線。出入站的閘門和地鐵站有所區隔，車票亦不能通用。
⊘約05:00~00:00 ⑤單程€1.7起，10回券€10起
🌐www.renfe.com

市區巴士EMT

馬德里共有200多條的巴士路線，以及27條的夜間公車，網絡四通八達，只要事先查詢好路線、應該下車的正確站名，運用起來頗為便利。可以直接使用事先購買的Metrobus票券，插入司機身旁的驗票機生效，或是准備好零錢，直接向司機購買。
⊘約06:00~23:30，其他時段有夜間公車「N」
⑤單程€1.5，10回券€12.2，有時推出半價優惠€6.1
🌐www.metrosligerosdemadrid.es

輕軌電車Metro Ligero

車號前冠有「ML」，共4條線，由於都在偏遠的市區外圍，方便當地居民通勤利用，一般而言觀光客很少用到。地鐵票可通用。
🌐www.metrosligerosdemadrid.es

計程車Taxi

馬德里的計程車都是白色的，除招呼站外也可在路旁招車，起跳價格因平日、假日和夜間不同，在市區內平日平時起跳價€2.5，每公里增加€1.4；夜間和假日起跳€3.15，每公里增加€1.5。

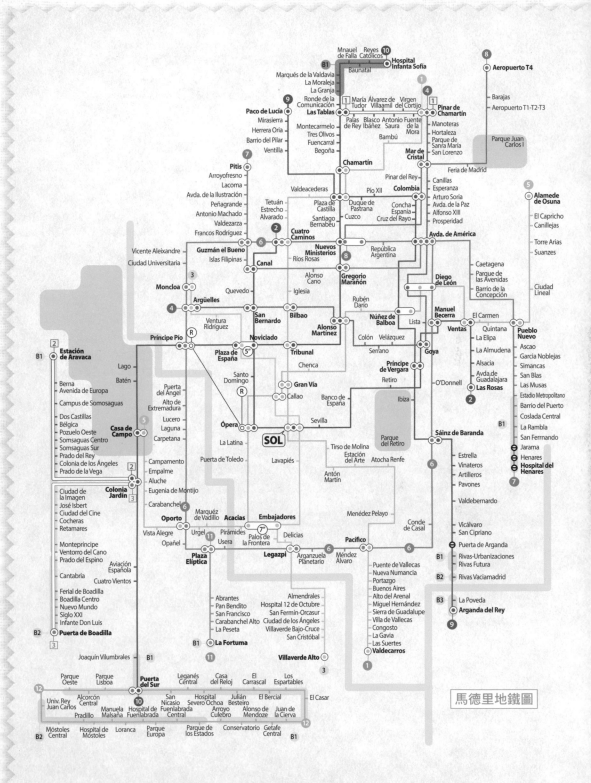

馬德里地鐵圖

馬德里
Madrid

艾斯科瑞亞
El Escorial

●馬德里Madrid

阿蘭惠斯
Aranjuez

這裡曾經是摩爾人的回教中心馬黑理(Magerit)，後來被基督教國王阿方索六世(Alfonso VI)所征服，並於1561年，被菲利浦二世(Felipe II)定為西班牙首都。

馬德里市內除了歷史景點，觀光焦點就是各個著名的美術館了！而馬德里周圍有眾多輕輕鬆鬆就可當日來回的城鎮，有時間的話，可考慮馬德里周邊一日遊或兩天一夜的小旅行！

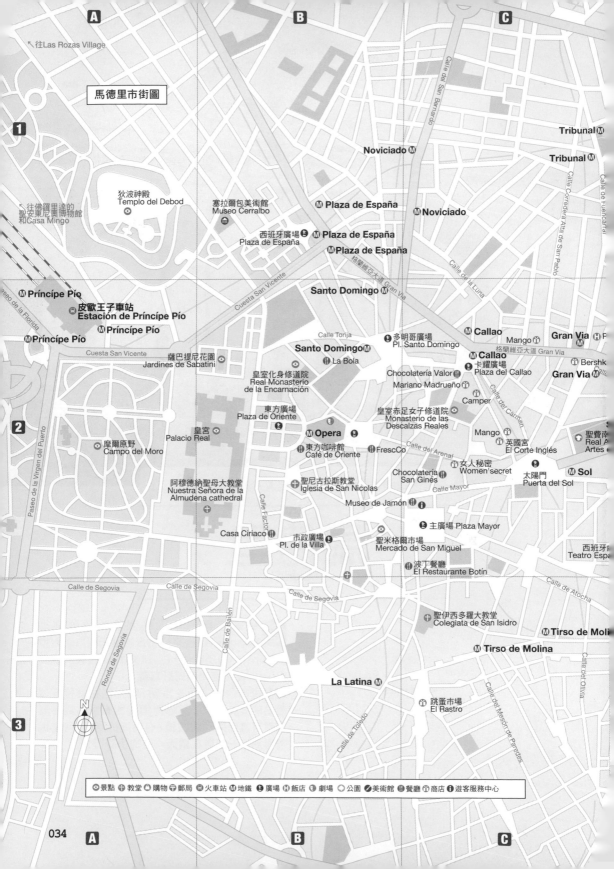

馬德里市街圖

往Las Rozas Village

往佛羅里達的
聖安東尼奧博物館
和Casa Mingo

A

B

C

1

狄波神殿
Templo del Debod

塞拉爾包美術館
Museo Cerralbo

西班牙廣場
Plaza de España

Plaza de España

Plaza de España

Plaza de España

Noviciado

Noviciado

Tribunal

Tribunal

Santo Domingo

Calle del San Bernardo

Calle Corredera Alta de San Pablo

Calle de Fuencarral

Calle de la Luna

格蘭維亞大道 Gran Via

Príncipe Pío

皮歐王子車站
Estación de Príncipe Pío

Príncipe Pío

Príncipe Pío

Cuesta San Vicente

薩巴提尼花園
Jardines de Sabatini

Santo Domingo

La Bola

多明哥廣場
Pl. Santo Domingo

Callao

Callao

Gran Via

Gran Via

Gran Via

Mango

Bershk

卡耀廣場
Plaza del Callao

Calle Torija

Chocolatería Valor

Mariano Madrueño

Camper

Calle del Carmen

Paseo de la Florida

Cuesta San Vicente

皇室化身修道院
Real Monasterio
de la Encarnación

2

Paseo de la Virgen del Puerto

摩爾原野
Campo del Moro

皇宮
Palacio Real

東方廣場
Plaza de Oriente

Opera

東方咖啡館
Café de Oriente

FrescCo

皇室赤足女子修道院
Monasterio de las
Descalzas Reales

Mango

英國宮
El Corte Inglés

聖費南
Real A
Artes

阿穆德納聖母大教堂
Nuestra Señora de la
Almudena cathedral

聖尼古拉斯教堂
Iglesia de San Nicolas

Chocolatería
San Ginés

女人秘密
Women'secret

Calle del Arenal

Calle Mayor

太陽門
Puerta del Sol

Sol

Calle Factor

Casa Ciriaco

市政廣場
Pl. de la Villa

Museo de Jamón

主廣場 Plaza Mayor

聖米格爾市場
Mercado de San Miguel

西班牙
Teatro Esp

波丁餐廳
El Restaurante Botín

Calle de Segovia

Calle de Segovia

Calle de Segovia

Calle de Bailén

Calle de Atocha

聖伊西多羅大教堂
Colegiata de San Isidro

Tirso de Moli

Tirso de Molina

Calle del Olivia

Calle de Toledo

3

N

La Latina

跳蚤市場
El Rastro

Calle del Mesón de Paredes

◎景點 ✝教堂 🛍購物 🏤郵局 🚉火車站 Ⓜ地鐵 🎪廣場 🏨飯店 🎭劇場 ○公園 🖼美術館 🍴餐廳 🛍商店 ℹ遊客服務中心

034

A

B

C

Calle de Sagasta

Alonso Martínez
Pl. de Alonso Martínez

Alonso Martínez

Alonso Martínez

Calle de Génova

Calle de la Castellana

↱往Hotel Silken Puerta América Mad

Lladró

Zara

Calle de Hermosilla

Estay

Colón

哥倫布廣場
Plaza de Colón

Calle de Argensola

Serrano

Loewe

Centro Comercial
ABC Serrano

Calle de Goya

Velazquez

Calle de Goya

Calle de Serrano

Calle Bárbara de Braganza

Chueca

Calle de Hortaleza

Calle del Barquillo

Calle de Jorge Juan

Calle de Velazquez

Calle de Jorge Juan

國立考古博物館
Museo Arqueologico
Nacional

Calle de Villanueva

Paseo de Recoletos

Calle de Recoletos

Calle Columela

Calle Salustiano Olozaga

Retino

Retino

Calle de Alcalá

往凡路斯門牛場→

Petit Palace Ducal

格蘭維亞大道 Gran Via

Caballero de Gracia

Banco de España

Banco de España

Banco de España

Banco de España

獨立廣場
Pl. de Independencia

阿卡拉門
Puerta de Alcalá

阿卡拉大道Calle de Alcalá

希比雷斯廣場
Pl. de Ciberes

阿卡拉大道Calle de Alcalá

La Gloria de Montera

Sevilla

度皇家美術學院
cademia de Bellas
de San Fernande

國立裝飾藝術博物館
Museo Nacional de Artes Decorativas

雷提洛公園
Parque del Retiro

Hotel Urban

Hotel Villa Real

Plaza de las Cortes

蒂森多大道Paseo del Prado

麗池飯店
Hotel Ritz

軍事博物館
Museo del Ejercito

Timyr

提森・波尼米薩美術館
Museo Nacional
Thyssen-Bornemisza

院
ñol

Pl. Canovas
del Castillo

皇家聖傑若尼姆教堂
Iglesia de San Jeronimo el Real

Calle de Lope de Vega

na

皇家歷史學院
Real Academia de la Historia

Calle de Moratin

Antón Martín

普拉多美術館
Museo Nacional de Prado

普拉多大道Paseo del Prado

皇家植物園
Real Jardin Botanico

Calle de Atocha

3

1

2

Calle de Santa Isabel

Estación del Arte

Estación del Arte

Cafetería Estoril

Estación del Arte

Estación del Arte

Av. de la Ciudad de Barcelona

國立蘇菲亞王妃藝術中心
Museo Nacional Centro de Arte Reina Sofía

阿托查火車站

Estación de Atocha

Atocha Renfe

Atocha Renfe

↓往Hotel Praga

王牌景點 ①

馬德里最繁忙的　　　　　　　地區，
遊客購物、打卡　　　　　　　　的熱門景點。

廣場旁的舊郵政大廈(Real Casa de Correos)由法國建築師Jacques Marquet設計，於1768年落成，現為馬德里自治區區長辦公室。

造訪太陽門理由

① 馬德里所有大馬路的源頭

② 西班牙重要的歷史據點

③ 跨年倒數計時就在這裡

馬德里．．太陽門

MAP P.34 C2

太陽門
Puerta del Sol

至少預留時間
蒐集打卡景點：約1小時
滿足購物慾：至少半天

搭乘地鐵1、2、3號線到Sol站下車

太陽門是西班牙的中心點，通往全國各地所有公路標示的公里數，便是由此開始計算，共有6條大馬路呈放射狀延伸到市區，這裡不但是政府機關的聚集區域，還是一個大型的商業區，例如Calle de Preciados、Calle del Carmen、Calle de Tetuán等。平日太陽門便是馬德里人熱愛約會碰面和購物的主要地點，因此整日人潮洶湧，遊客得注意隨身攜帶的皮包及重要物品。

id O n W

可愛的市徽雕像「小熊與莓果樹」(El Oso y el Madroño)就聳立在太陽門廣場的北邊,馬德里的市徽原本是一隻身上有七顆星星的熊,這七顆星星是大熊座的北斗七星,而莓果樹是後來才加上去的,為當時的市政府和神職人員解決土地糾紛的友好象徵。選擇莓果樹,而不是其他樹種的原因據是因莓果樹的西文學名madroño和馬德里(Madrid)最相似。
另一種說法是馬德里從前附近是一大片森林,有許多莓果樹生長,也因此吸引了大批嗜吃莓果的熊群,所以馬德里起初稱為Ursaria,也就是拉丁文「熊的土地」的意思。

馬德里古城牆建築於15世紀,以這座城牆為界線,以內是主要市區,以外則為郊區,古城牆的其中一道門因面向東方,上面又有太陽圖案的雕飾,所以俗稱太陽門。但多年來這道古城門早就毀壞無蹤了,只有這個「太陽門」的名稱流傳下來,成為現在馬德里的人潮中心!

市政廳門口人行道上有一塊「零公里」的地磚,最初於16世紀時由國王菲利普二世所設立,是西班牙所有道路的中心點。

廣場的南邊矗立著卡洛斯三世(Carlos III)的雕像,他於馬德里執政期間,為馬德里的城市發展盡心盡力,因此被譽為最佳馬德里市長。而雕像後的Tío Pepe是西班牙著名的雪利酒牌子,十分適合搭配魚肉料理以及Tapas!

精品商店百家爭鳴

除了到處打卡,也不要錯過太陽門周圍的**百貨公司**與**商店**:英國宮(El Corte Inglés)、Fnac、H&M、Mango、Zara等,以及深受東方人喜愛的Camper鞋店。

廣場四通八達

馬德里必逛的**古蹟**、**景點**都在步行範圍內,像是主廣場、聖費南度皇家美術學院、皇室赤足女子修道院,可以一邊前往目的地,一邊欣賞沿路的馬德里市區。

太陽門廣場是非常熱門的旅遊景點,每天都照來攘往,因此到處可以看到街頭藝人在賣藝,有時間的話不妨停下腳步看看,體會當地的風土人情。

太陽門廣場是西班牙人跨年倒數計時的場所,根據傳統,每人會拿著12粒葡萄,隨鐘聲敲響一次吃下一粒,以此迎接新一年的到來。

太陽門廣場到西班牙廣場沿路是一條商店街，除了逛台灣也熟悉的牌子，順道看看當地自產的牌子～

MAP P.34 C2 格蘭維亞大道 Gran Vía

如何前往
地鐵3、5號線在Callao站或1、5號線在Gran Vía站下車

Info

到過馬德里的人一定知道這條鼎鼎大名的格蘭維亞大道，從阿卡拉街到另一頭的西班牙廣場，若要慢慢步行的話，大約會花上1小時的時間。從一般小型的商店、餐廳、咖啡店、電影院、金錢兌換中心、服飾店、網路咖啡店到旅館等，都能在此找到。特別是卡耀廣場(Plaza de la Callao)周邊最值得一逛，Zara、Bershka、H&M、Benetton等服飾品牌，絕對是血拼的好地點。

Mango

🚇 地鐵1、5號線在Gran Vía站下，步行約2分鐘
📍 Gran Vía, 32 ☎ 521-0879 🕙 10:00~22:00 🚇
shop.mango.com

Mango除了我們在台灣常見的款式外，事實上它也和其他品牌或國外設計師玩跨界合作，包括Nike等等。它在馬德里的分店多達十幾間，這間位於格蘭維亞大道附近的分店，商品種類相當齊全。

在台灣就有無數擁護者的Mango，更是國人到西班牙常買的品牌。

Bershka

🚇 地鐵1、5號線在Gran Vía站下，步行約1分鐘
📍 Gran Vía 25 ☎ 360-4987 🕙 10:00~22:00 🚇
www.bershka.com

Bershka或許在台灣的知名度仍嫌不足，不過絕對會讓喜歡血拼的人陷入瘋狂－－充滿設計感的時尚，卻有著非常親民的價錢，一件毛衣或外套從€39起跳，更遑論一件€9.99的上衣。它在馬德里擁有多家分店，這間是最大的一間，4層樓中除女裝外還有男裝與童裝。

Bershka是Zara的姊妹品牌，價錢同樣很親民。

MAP P.34 C2 El Corte Inglés

如何前往
地鐵1、2、3號線在Sol站下，步行約2分鐘

info
📍 Calle del Preciados 3
☎ 378-8000
🕙 週一至週六10:00~22:00，週日11:00~21:00
🌐 www.elcorteingles.es

西班牙最大的百貨公司集團－英國宮，在

英國宮是西班牙最大百貨集團，有它的地方就表示是該市的市中心或鬧區。

馬德里有兩大據點，一是位於太陽門廣場上的這家，橫跨好幾棟建築物，裡頭從生鮮超市、化妝品、服飾、電器到書店等一應俱全，和台灣的百貨公司沒有兩樣，相當好逛。另一大據點則是位於名牌齊聚的塞拉諾街。

Camper

MAP P.34 C2

如何前往

地鐵3、5號線在Callao站下，步行約2分鐘

info

⊕Calle del Preciados 23　☎531-7897

⊙週一至週六10:00～21:30、週日 11:00～21:00

🌐www.camper.com

　揮灑無邊創意的Camper，從昔日兩腳不對稱的鞋款，到近年來與國際間知名服裝設計師Bernhard Willhelm、西班牙工業設計大師Jaime Hayon、甚至巴塞隆納藝術中心等單位跨界合作，讓足下風光成為時尚的表徵。

Camper在台灣有一批死忠的追隨者。

Women'secret

MAP P.34 C2

如何前往

地鐵1、2、3號線在Sol站下，步行約3分鐘

info

⊕Calle del Arenal 9　☎366-5567

⊙週一至週六10:00～21:00、週日 12:00～20:00　🌐womensecret.com

　曾經一度引進台灣的西班牙內睡衣品牌「女人的秘密」，以20～40歲的女性為主要訴求，店內販售各式各樣舒適的居家衣物，從貼身衣褲、睡衣、背心、浴袍、甚至泳衣一應俱全，還會推出搭配睡衣的同款拖鞋。由於風格多樣，橫跨甜美、可愛、性感…相當受到當地女性的喜愛。

Mariano Madrueño

MAP P.34 C2

如何前往

地鐵3、5號線在Callao站下，步行約2分鐘

info

⊕Postigo de San Martín 6

☎521-1955

⊙平日10:00～15:00、16:00～20:30，週六 11:00～15:00、16:00～19:30

㊡週日　🌐marianomadrueno.es

　這間葡萄酒專賣店坐落於皇室赤足女子修道院附近，創立於19世紀末的它，至

這裡是馬德里最著名的酒類專賣店。

今依舊保留著昔日的裝潢。原本不算小的空間，卻因為擠滿葡萄酒的高大酒櫃而顯得侷促，儘管如此，它卻因為販售西班牙各地各種等級的葡萄酒以及利口酒且物美價廉而人潮不斷。

從計劃到建成歷時約**200年**的大教堂，
經過許多建築師、設計師之手，
有著**多種建築風格**。

王牌景點 ❷

馬德里：阿穆德納聖母大教堂

✝ MAP P.34 B2

阿穆德納聖母大教堂
Nuestra Señora de la Almudena Cathedral

16世紀中葉，西班牙皇室遷都馬德里，但教廷依舊留在托雷多，即使早在16世紀就已經開始討論興建大教堂的計劃，卻一直拖到1879年才動工。

大教堂直到1993年才完工，並於2004年時由教宗若望・保祿二世(Pope John Paul II)祝聖，同年舉辦了西班牙王儲菲利浦的世紀婚禮。

教堂坐落於昔日中世紀的清真寺遺址上，原採用哥德復興式風格，1950年接任的建築師Fernando Chueca Goitia將外觀改為巴洛克式，以呼應皇宮灰白色的外觀。

造訪阿穆德納聖母大教堂
理由

① 舉辦了西班牙王儲菲
利浦的世紀婚禮

② 教堂內外洋溢著不同
的建築風格

③ 馬德里市區的制高點
之一

教堂內部洋溢著現代風格，像是位於主祭壇、出自Kiko Arguello之手的嶄新壁畫。

阿穆納德聖母是馬德里的守護神，其名稱「阿穆納德」原意為穀倉，因為當初發現這尊聖母雕像時，是在摩爾人的穀倉附近。

教堂門上精緻的雕刻出自Luis Sanguino之手，每扇門的雕刻都不同，上面的人物栩栩如生，主角大部分是聖母、耶穌和上帝。

怎麼玩阿穆德納聖母大教堂才聰明？

教堂內附設博物館
如果想深入了解教堂歷史，不妨參觀教堂內的**博物館**，開放時間為週一至週六10:00~14:30(週日不開放)，門票全票€7、優待票€5。

鳥瞰馬德里市區

登上大教堂的**屋頂**，可以將皇宮、皇宮的花園及馬德里市區一覽無遺。要注意的是，需要購買博物館門票才能登頂哦！

拍攝大教堂的好位置

從小山丘上的**狄波神殿**，可以看到皇宮和大教堂，這裡是拍攝教堂的理想位置，走訪大教堂後，別忘了到狄波神殿多拍幾張！

id O n W

一般教堂建築多為東西走向，並將重要部分放在東方，除了因東方是基督耶穌來臨的方向，也是陽光升起的方位，但阿穆德納聖母大教堂因要與一旁的皇宮建築群風格統合，所以設計呈南北走向，在教堂界格外另類！

至少預留時間
只想隨意拍拍：30分鐘
入內參觀：2小時

地鐵2、5、R號線到Ópera站下，步行約7分鐘

📍Calle Bailén 10
☎542-2200
🕐9~6月10:00~20:00、7~8月10:00~21:00
💰捐獻€1
🌐catedraldelaalmudena.es

聖母像的奇蹟
1083年時阿方索六世(Alfonso VI)從摩爾人手中征服馬德里，下令淨化遭伊斯蘭教徒褻瀆的聖母教堂。而早期由使徒聖詹姆斯放置於這間教堂裡的聖母像已消失，於是國王和幾位重要宗教人士向聖母祈求，幫助他們早日找到聖母像。虔誠的信徒環繞城牆邊吟唱邊祈禱，突然一部分的城牆倒塌，露出了隱藏其中超過300年的聖母像。

結合巴洛克式和新古典主義風格的**宮殿**，同時也是當年西班牙**皇室鼎盛時期**的代表性建築。

王牌景點 ③

馬德里：皇宮

MAP
P.34
B2

皇宮
Palacio Real

皇宮的前身興建於西元9世紀的一座碉堡上，當時無足輕重的馬德里只是伊斯蘭教政權統治下的一處軍事要塞，11世紀時，卡斯提亞的國王將它奪回，並興建了一座阿卡乍堡。18世紀時因一場大火燒毀阿卡乍堡，才在菲利浦五世命令下重建成現在的模樣，當時來自義大利的著名建築師沙切迪(Sachetti)和薩巴提尼(Sabatini)等人，都曾參與設計。

1931年阿方索十二世(Alfonso XII)逃到法國之後，皇宮就沒人居住了，皇室如今都今住在馬德里郊區較小的行宮。

皇宮內部設計十分精緻，其中最精彩的要屬寶座廳(Salón de Trono)，這裡是國王在正式場合接見賓客的殿堂，國王寶座四周安置著4隻銅獅，據說出自委拉斯奎茲的挑選，裝飾其中的水晶吊燈則來自威尼斯。牆上高掛法蘭德斯織毯的圓柱廳(Salón de Columnas)，是簽訂西班牙加入歐洲共同體的地方；可容納150人同時用餐的宴會廳(Comedor de Gala)，最近一次吸引國際媒體目光是在2004年菲利浦王儲的婚禮上。其他還有瓷器廳(Gabinete de Porcelana)、黃絲綢廳(Saleta Amarilla)、17世紀的皇室藥房、兵器室等，同樣值得參觀。

造訪皇宮理由

1 歷代國王執政與居住的地方

2 欣賞帥氣的侍衛換崗儀式

3 設計精緻的內部裝飾

至少預留時間
皇宮走透透：2小時
觀看換崗儀式：至少30分鐘

地鐵2、5、R號線到Ópera站下，步行約5分鐘

ℹ️
🏠Calle Bailén s/n
☎454-8700
🕐4~9月10:00~19:00(週日至16:00)；10~3月10:00~18:00(週日至16:00)
🚫1/1、1/6、5/1、10/12、12/25等重要節日
💲全票€14、優待票€7
🌐www.patrimonionacional.es
❗皇宮內部禁止拍照

怎麼玩皇宮才聰明？

別忘了參觀皇家廚房

皇家廚房是歐洲皇室中保存最為完善、歷史最悠久的廚房。**參觀皇家廚房須額外購票**，開放時間為4~9月10:15~19:00、10~3月10:15~17:00，票價為€6，另有推出皇宮及廚房套票。

省下排隊的時間

皇宮是熱門景點，所以建議先**線上購票**哦～其實馬德里大部分的景點都可以預先上網購票，安排行程前可以先到官網查詢。

眼看手不動

皇宮內部**嚴禁拍照**，富麗堂皇的內部讓人很想拍照留念，但請只**用眼睛欣賞**，做一個遵守規定的好遊客！

馬德里：皇宮

👉**皇宮衛隊與侍衛換崗儀式Relevo solemne y cambio de Guardia**

和倫敦的衛兵交接儀式一樣，馬德里皇宮的衛隊換崗儀式也非常受人們注目。換崗儀式分為兩種：每月一次的皇宮衛隊換崗儀式，以及每週三及六的侍衛換崗儀式。

皇宮衛隊換崗時會按照著阿方索十二世與十三世時代全副武裝，長槍兵、戟兵和步槍營分隊等共400位軍人與100匹馬，儀式全程約1小時。

而侍衛換崗儀式是步兵和騎兵在王儲門(Puerta del Príncipe)的交接，步兵每半小時交接1次，騎兵每1小時交接一次。

🕐皇宮衛隊每月第一個週三12:00，侍衛每週三、週六11:00~14:00(7~8月10:00~12:00) 🚫皇宮衛隊1、8、9月 ❗天氣狀況不允許或是舉辦國事活動時則無換崗儀式

培育優秀的畫家並保護西班牙藝術，
畢卡索和**達利**都曾在此學習！

王牌景點 **4**

造訪聖費南度皇家美術學院理由

1 今日西班牙藝術大師的搖籃

2 鎮館之寶──哥雅作品集

3 橫跨400年的藝術迴廊

**MAP
P.34
C2**

聖費南度皇家美術學院
Real Academia de Bellas Artes de San Fernando

　　當初為了讓學生有學習和臨摹的對象，聖費南度皇家美術學院收藏了許多大師級名畫，其中最精彩的要屬16~19世紀的西班牙繪畫，像是蘇巴蘭(Zurbarán)、慕里歐、埃爾·葛雷科等人的作品。此外，由於哥雅(Goya)曾經在此擔任要職，因此更有一整間展覽室專門展出他的作品，是參觀美術學院的重點；如今為馬德里藝術學校的總部，以博物館和藝廊的姿態對民眾開放。

怎麼玩
聖費南度皇家美術學院
才聰明？

這些日子免費參觀

如果參觀美術學院的那天
正好是非例假日的週三、
5/18、10/12、12/6，這些日
子都可以免費參觀哦！

科技與藝術的結合

聖費南度皇家美術學院有推
出西班牙文和英文的導覽
App，提供了作品介紹、美術學
院歷史和資訊及相關展覽。

至少預留時間
只看重點作品：40分鐘
每樣畫作都想看：至少2小時

地鐵1、2、3號線到Sol站下，步行約2分
鐘

由皇室下令創立於1744年的
聖費南度皇家美術學院，20多
年後，卡洛斯三世交由建築師
Diego de Villanueva，將阿卡
拉大道上的巴洛克式宮殿建
為美術學院。

🏠Calle de Alcalá 13
☎524-0864
🕐週二至週日10:00~15:00
🚫週一及8月、1/1、1/6、5/1、5/30、
11/9、12/24~25、12/31
💰全票€9、優待票€5
🌐 www.realacademiabellasartes
sanfernando.com

來看看聖費南度皇家美術學院的知名作品～

《沙丁魚葬禮》，哥雅
El Entierro de la Sardina, Goya
1808~1812年

這是一項舉辦於馬德里、為期三天並結束於聖灰星期三(Ash Wednesday)的嘉年華活動，頭戴面具的狂歡者隨意跳舞，一路抵達舉辦埋葬沙丁魚儀式的Manzanares河畔，畫中沒有出現魚或稻草玩偶，反而以人們高舉的嘉年華國王畫像象徵。

> 繪畫的主題與色彩、民間娛樂活動和明亮如卡通般的畫風，令人聯想起哥雅年輕時期的作品。

《鄉村鬥牛》，哥雅
Corrida de toros en un pueblo, Goya
1808~1812年

鬥牛是西班牙的國家運動，這項讓海明威熱血沸騰的活動，既殘酷又迷人，哥雅也是鬥牛的愛好者之一，他曾經為此主題創作一系列的版畫。鬥牛運動於18世紀開始盛行於西班牙，可以看出當時這項運動已經脫離貴族階層逐漸走向民間。

西班牙三大畫家你認識嗎?

文藝復興時代開創西班牙近代繪畫的宗教畫家埃爾葛雷柯(El Greco)、擅長構圖和明暗技法的委拉斯蓋茲(D. de Silva Velázquez),以及畫風多變,在西班牙畫壇具承先啟後影響力的哥雅(Francisco de Goya),被尊稱為西班牙三大畫家。至於我們比較熟悉的近代畢卡索、米羅和達利則是被稱為西班牙現代三大畫家。

西班牙三大畫家	西班牙現代三大畫家

埃爾葛雷柯　　委拉斯蓋茲　　哥雅　　　畢卡索　　　米羅　　　達利

《Jerónimo Pérez修士》, 蘇巴蘭
Fray Jerónimo Pérez, Francisco de Zurbarán
1630~1634年

這幅畫屬於蘇巴蘭的「白衣修道士」系列。在這幅看似單調的人像畫中,蘇巴蘭巧妙利用光線陰影,勾勒出衣服的線條,擺脫了構圖的沉重感。正在書寫神學著作的Jerónimo Pérez修士,他專注的神情栩栩如生,讓觀賞者幾乎以為和他面對面。

對比的黑色背景以及紅色的書桌,不但凸顯畫中主角,更是構成此畫三角平衡的要素之一。

《春》, 阿爾欽博托
La Primavera, Arcimboldo
1563年

以植物和蔬果繪製半身肖像聞名的阿爾欽博托,他的《四季》被公認為文藝復興時期最有魅力的作品,其中的《春》以大量色彩繽紛的花朵裝飾肖像的臉、綠意盎然的植物成為衣服,鮮艷欲滴的玫瑰花苞是嘴唇,而臉頰的緋紅是一朵盛開的花。

一種拯救世界遺產的方式：在本國將古蹟拆解後送到他國重組保存，讓他們重見天日。

王牌景點 5

儘管狄波神殿在馬德里重生後的模樣和當初聳立於埃及時不大相同，然而這座神殿卻還是保留了埃及古文明的遺韻。

馬德里：狄波神殿

造訪狄波神殿理由

1 埃及古蹟異地重生

2 當地人婚紗拍攝地

3 拍攝皇宮和大教堂的好地點

MAP
P.34
A1

狄波神殿
Templo del Debod

　　位於西班牙廣場西側的公園綠地上的狄波神殿，原本出現在埃及、距離亞斯文以南15公里處，是座獻給Isis女神的重要宗教中心。

　　由於亞斯文水壩(Great Dam of Aswan)的興建與擴張，使得狄波神殿長達將近半個世紀的時間裡泡在水面下。埃及政府於1968年時將狄波神殿捐贈給西班牙，作為西班牙曾大力幫助保存阿布辛貝神廟的謝禮。

至少預留時間
完成IG打卡任務：30分鐘
散步、約會、野餐：1~2小時

地鐵3、10號到Plaza de España站下，步行約7分鐘

Calle Ferraz 1
366-7415
週二至週日10:00~20:00
週一、1/1、1/6、5/1、
12/24~25、12/31
免費
madrid.es/templodebod

怎麼玩
狄波神殿才聰明？

不同時段、不同的美

©flickr Emilio Garcia

白天和晚上的狄波神殿景色不一樣，可以早晚都來一趟，這裡也是馬德里熱門**夕陽景點**哦！

優越的地理位置

除了可以看日落，這邊也可以眺望不遠處的皇宮與**阿穆德納聖母大教堂**，以及馬德里最大的公園「**田園之家**」(Casa de Campo)。

神廟內四周牆面裝飾的壁畫，主題圍繞在Adikhalamani國王向Isis、Orsiris、阿蒙神、Min等神祇獻上香、麵包、牛奶、項圈等各類祭品與禮物。

底層的最內部保留著托勒密王朝時的阿蒙神神殿，其壁龕是昔日供奉阿蒙神像的地方，該內殿是整座神殿中最神聖的地方，過去只有祭司能夠進入。

狄波神殿的由來

早在2世紀時，庫施(Kushite)王國的Adikhalamani國王興建一座獻給阿蒙神(Amun)的單間禮拜堂，後來經過不斷擴建，到了托勒密王朝(Ptolemaic)時，它已勾勒出今日這座擁有4座側殿、侍奉Isis女神的小神廟雛形；而後羅馬皇帝奧古斯都和Tiberius，進一步完成它的細部裝飾，最後出現了以三道塔門與通道連接的石造圍牆。

西班牙團隊前往埃及，將神殿被保留下來的主要建築和兩道大門拆解並運往西班牙，狄波神殿終於在1972年7月18日在今日的位置上重見天日。

成立快200年的美術館，主打12~19世紀的歐洲畫作，

在普拉多美術館來一趟時光之旅。

馬德里：普拉多美術館

這裡的地面樓以12~20世紀的西班牙、15~16世紀法蘭德斯及14~17世紀的義大利畫作和雕塑品為主；一樓則主要展出16~19世紀的西班牙、17~18世紀的法蘭德斯及17~19世紀的義大利畫派的繪畫；二樓則有一小部分18~19世紀的西班牙繪畫。

博物館正門有一尊委拉斯奎茲的銅像。

MAP
P.35
E3

普拉多美術館
Museo Nacional del Prado

採新古典式風格的普拉多美術館擁有全世界最完整的西班牙藝術作品，並於1819年開放民眾參觀。其中包括7,600幅畫作、4,800件印刷品、8,200張素描，以及1,000樣的雕塑…當中最引人注目的是12至19世紀間的西班牙繪畫，裡頭不乏委拉斯奎茲、哥雅和埃爾·葛雷科等大師巨作，委拉斯奎茲所繪的《仕女圖》更為鎮館之寶。

至少預留時間
走馬看花：1小時
深度參觀：3小時

地鐵1號線到Estación Del Arte站或2號線到Banco de España站下，步行約8分鐘

⌂ Calle Ruiz de Alarcón 23
☎ 330-2800
🕐 10:00~20:00(週日及假日至19:00)
🚫 1/1、5/1、12/25
💲 全票€15、優待票€7.5、18歲以下免費
🌐 www.museodelprado.es

造訪普拉多美術館理由

1 世界三大博物館之一

2 類型豐富的館藏

3 西班牙藝術風格的演進

這裡也收藏大量外國藝術家的畫作，例如義大利、法國、荷蘭、德國以及法蘭德斯等畫派。

位於博物館北面的哥雅銅像。

想省荷包看這裡

普拉多美術館有**兩種時段**可以免費參觀，分別為週一至週六的18:00~20:00，以及週日與假日的17:00~19:00，要盡量提早半小時以上前往排隊領票喔！

不會逛美術館？別擔心～

©flickr Paddy Johnson

如果不知道從哪裡開始看起的話，普拉多美術館官網上有**推薦的行程**，有興趣的話可以參考看看。

避開尖峰時段人潮

通常在11:00~13:30是美術館的巔峰時段，不想人擠人參觀美術館可以避開這個時段前來。此外也可以先**上網訂票**哦！

不用排隊又可省錢的方法
購買藝術大道套票(Paseo del Arte Pass)可以同時參觀普拉多美術館、國立蘇菲亞王妃藝術中心以及提森‧波尼米薩美術館的常設展。套票自購買後一年內皆可使用，一年內不限時間可參觀三家博物館各一次，有了這張套票可以直接進館參觀，免去排隊買票的時間。
⑤€32，為三家博物館總票價的8折，可由三家博物館售票處購票或是線上購票。(每年票價可能異動，請參考各博物館官網)

來了普拉多美術館，怎麼能錯過這些名畫！

《雅各之夢》，利貝拉
El Sueño de Jacob, José de Ribera
1639年

這幅畫是利貝拉作品中相當值得探究的一幅，畫的是作夢的聖徒，但卻不讓我們看到夢中的內容，觀賞者只能從雅各的表情和身後模糊、呈現金黃色的暗示猜測一二。

> 我們看到的暗示也可能只是天空的一部分，利貝拉似乎在和我們玩一種好奇心的遊戲。

《手放在胸上的騎士像》，埃爾·葛雷科
El caballero de la mano en el pecho, El Greco
約1580年

埃爾·葛雷科曾以相同主題繪製多幅畫作，然而這幅收藏於普拉多美術館的作品，無疑是其中最傑出的一幅。畫像中的主角雖為騎士，但一般認為是畫家本身的自畫像。

> 這幅作品可以清楚看出宗教對於當時人們的信仰——畫中主角將手放在胸口的十字架上。

《牧羊人朝拜》，埃爾·葛雷科
La Adoración de los Pastores, El Greco
1612~1614年

埃爾·葛雷科晚年畫風轉變，降低筆下色彩的明亮度，這幅作品是他為自己下葬的教堂——托雷多的聖多明尼克教堂(Santa Domingo El Antiguo)所繪製的耶穌誕生場景。畫中人物幾乎失去重量，且人物比例拉長到不合理的狀態，以凸顯精神昇華的喜悅。

> 冷色調讓顫動的筆觸更加明顯，宗教熱情似乎狂熱到即將崩裂的邊緣。

把這兩幅畫放在一起看，給人一種透視畫的錯覺。

《裸體瑪哈》及《穿衣瑪哈》，哥雅
La Maja Desnuda & La Maja Vestida, Francisco de Goya
1795~1800年；1800~1807年

關於瑪哈的身分，其實有兩種說法，除了是宰相的情婦之外，也有人說是與哥雅過從甚密的公爵夫人。這兩幅畫之所以引起人們廣泛的討論，其實和《裸體瑪哈》有關，由於當時西班牙禁止繪製裸體畫，因此或許正因為如此，才必須創作這兩幅連作，一幅能公開對人展示，一幅屬於主人私下欣賞。

《穿衣瑪哈》貼身的衣物勾勒出模特兒的線條；《裸體瑪哈》大膽的女性裸體則散發出絲緞般的光澤，呈現兩種截然不同的「誘惑」。

《卡洛斯四世一家》，哥雅
La Familia de Carlos IV, Francisco de Goya
1800年

在這張看似平常的家族肖像畫中，哥雅巧妙點出卡洛斯四世一家的個性：國王呆滯的眼神，顯現出他的無能和膽怯；掌握實權的皇后位居畫面中央，表情精明且蠻橫。成為宮廷畫家的哥雅，其實感到無比驕傲，所以他將自己放入畫中，站在左側畫布後方的不起眼的陰暗處，注視著他們的一舉一動，顯示他和皇室不凡的關係。

《農神噬子》，哥雅
Saturno Devorando a Su Hijo, Franciscode Goya
1820~1823年

哥雅的「黑暗畫」恐怖而激烈，畫面經常出現血腥的場景。他假托故事訴訟世局，傳說農神因聽說兒子將奪去其統治權的預言，於是將自己的孩子們分別吞嚥下肚。此畫說的是人心極端的恐懼，藉由農神發狂而緊繃的身體，展現極致的恐懼，顯現外來的壓迫教人崩潰。

《1808年5月3日的馬德里》，哥雅
**El 3 de mayo en Madrid o "Los fusilamientos",
Francisco de Goya**
1814年

拿破崙的軍隊占領西班牙後，馬德里市民在5月3日起義對抗，隔天，法軍屠殺起義的游擊隊，甚至無辜的市民。哥雅直到西班牙政權再度復辟後才畫出當時的情景，雖是假設性的畫面，但畫中的悲愴和人道主義關懷仍躍於紙上，這是哥雅最高超的地方。

在這幅畫中，無論是故事主角或是視覺主角，都是失敗者、平民，而獲勝的一方卻遭到哥雅的貶抑，暗示著他晚年後更加憤世嫉俗的傾向。

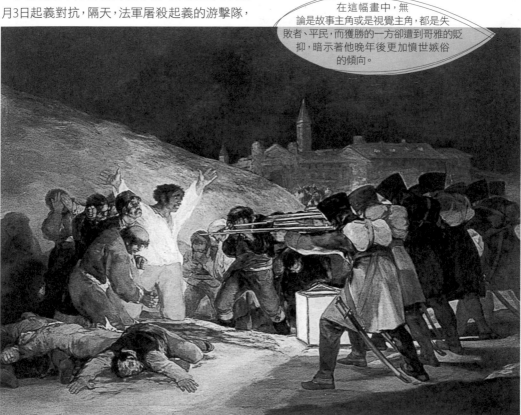

根據神話，Arachne最後被女神變成蜘蛛，終生紡織不停，但從女神到達紡織場，到紡織女變成蜘蛛的過程為何，是畫家留給觀賞者的想像空間。

《紡織女》，委拉斯奎茲
Las hilanderas o la fábula de Aracne, Diego Velázquez
1655~1660年

畫中的背景是馬德里的皇家紡織工廠，但主題是一則神話故事。在前景中，委拉斯奎茲畫出現實中紡織女工工作的情形，前廳光亮處，女神降臨，帶來對女織工的懲罰，似乎又在暗示些什麼。右前方抬起頭的正是挑戰織女星Minerva的紡織女工Arachne，其他紡織女工則忙得無暇顧及前廳的騷動；受到人類挑戰的織女星降臨後將會發生什麼故事？

這幅畫影響了200年後擅長描繪芭蕾舞者的畫家竇加(Degas)、印象派大師馬內(Manet)，他更以完美的布局與透視，使哥雅和畢卡索推崇不已。

《仕女圖》，委拉斯奎茲
Las Meninas, Diego Velázquez
1656年

委拉斯奎茲利用明暗及人物關係讓空間和視覺遊戲達到登峰造極的境界，他透過鏡中反映出的國王與皇后身影，產生既深且廣的空間感，從公主和侍女的動作、畫布後方畫家後傾的姿勢來看，委拉斯奎茲更掌握了全體人物行進動作的瞬間。

連畢卡索也來「致敬」這幅名畫！
畢卡索是委拉斯奎茲的忠實粉絲，對大師的敬仰使他花費了數個月的時間重新以立體派畫風構圖臨摹這幅仕女圖，並一下子以此為藍本畫了40多幅，現在這些臨摹的珍貴畫作也收藏在巴塞隆納的畢卡索美術館內！

《卸下聖體》，羅希爾·范德魏登
El descendimiento, Rogier van der Weyden
約1435年

范德魏登是15世紀法蘭德斯畫派的代表畫家之一，，該畫派以非常細膩的繪畫風格著稱，這些細節可以從畫中人物衣服上的布紋皺褶看出來，布紋搭配顏色明暗，看起來就像真的布一樣。

這幅畫描述的是人們將耶穌的聖體從十字架卸下，穿著藍色衣裙、昏倒在地的是聖母瑪利亞。仔細一看，你會發現耶穌和聖母的身體是平行的，就如鏡子的反射，其他人都是站立著；每個人物處於的位置有分前後，形成強烈的立體感，讓人有一種在欣賞浮雕，而不是一幅油畫的錯覺。這幅畫另一個看點就是聖母的眼淚，不靠近看這幅畫的

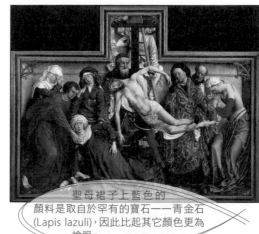

聖母裙子上藍色的顏料是取自於罕有的寶石——青金石(Lapis lazuli)，因此比起其它顏色更為搶眼。

話，並不會發現聖母流出的眼淚，這幾道淚水表達了聖母的悲傷。

索羅拉利用紫色和靛色，非常寫實地描繪出灑在沙灘和皮膚上的陽光，光影相疊營造出照片的效果。

《海灘上的孩子們》，華金·索羅拉
Chicos en la playa, Joaquín Sorolla y Bastida
1909年

Sorolla最得意的作品是一系列以陽光明媚的瓦倫西亞作為背景的畫作，這一幅畫描述的就是一群孩子們躺在夏天的陽光海岸上。色調的深淺由右下角往左上角逐漸變深，表示孩子的身體逐漸深入海水裡。因此右下方的男孩是三個孩子裡身體最乾的，身體也是最淺色的；中間的男孩身子已經濕了一半，上半身呈現棕褐色；而最後面的男孩完全浸在海水裡，身體的顏色最深而且看起來發亮。

想了解**西班牙現代美術**的人，
絕對不能錯過蘇菲亞王妃藝術中心！

建築主體前身為卡洛斯三世令下興建的18世紀醫院，1980年開始，許多現代化的改革和擴張開始出現於這棟老建築上。

MAP
P.35
D3

國立蘇菲亞王妃藝術中心
Museo Nacional Centro de Arte Reina Sofía

國立蘇菲亞王妃藝術中心是全球屬一屬二重要的現代美術館，主要收藏20世紀的西班牙藝術作品，特別是全球知名畫家畢卡索、達利和米羅的畫作，還有其他西班牙先鋒畫家Antoni Tàpies、立體主義代表Juan Gris，以及超現實主義、唯美主義等畫派的近代藝術家的作品。

1988年時，José Luis Iñiguez de Onzoño和Antonio Vázquez de Castro兩位設計師，為它進行最後的整修工程，同時加上3座外觀現代的玻璃電梯。

至少預留時間
走馬看花：1小時
深度參觀：3小時

地鐵1號線到**Estación del Arte**站下，步行約1分鐘

🏠Calle Santa Isabel 52
📞774-1000
🕐10:00~21:00(週日至14:30)，售票至閉館前半小時
🚫週二、1/1、1/6、5/1、5/15、11/9、12/24~25、12/31
💰永久展和臨時展套票€12，網上訂票另有優惠
🌐www.museoreinasofia.es

怎麼玩 國立蘇菲亞王妃藝術中心 才聰明？

想省荷包看這裡

每逢**週一、週三至週六** 19:00~21:00以及**週日** 12:30~14:30可以免費入場，但因為免費參觀還是要領取票券，要盡量提早半小時以上前往排隊領票喔！

可租借付費語音導覽

想看懂一幅畫作，需要先了解當時的歷史、社會背景，想深入了解的話可以**租借語音導覽**，語音導覽租借費用為€4.5，不過語言僅限西班牙語、英語、法語、韓文等。

藝術大道套票省錢又省時

購買**藝術大道套票**(Paseo del Arte Pass) 是不用排隊又可省錢的方法，可以同時參觀國立蘇菲亞王妃藝術中心、普拉多美術館以及提森·波尼米薩美術館的常設展，詳見P.051。

©Museo Reina Sofia

造訪國立蘇菲亞王妃
藝術中心理由

1 20世紀的西班牙藝術

2 了解西班牙現代美術
流派

2001年由法國著名設計師
Jean Nouvel幫它增建新
大樓，使得蘇菲亞王妃藝
術中心如今擁有大約8萬
4,000平方公尺的空間。

藝術中心附設的藝術圖書館，免費對外開放，裡頭有超過
10萬本相關著作。

這裡還是可以發現一些像是立體主義畫家Georges
Braque和Robert Delaunay、超現實主義畫家Yves Tanguy
和Man Ray、空間主義畫家Lucio Fontana以及新寫實主義
畫家Yves Klein等外國藝術家的作品。

一起來看看國立蘇菲亞王妃藝術中心收藏的經典名作～

《手淫成癖者》，達利
Rostro del Gran Masturbador, Dalí
1929年

女人的半側面和象徵Cadaqués海岸的黃色，共組成畫面的主要部分，下方出現的蝗蟲，是達利打從孩提時代即感到恐懼的動物，象徵著死亡。畫作名稱聳動，但畫面卻以極其抽象的方式，表達因性遭到壓迫而生的不安感。

> 畫面中隱藏著許多隱喻：獅子頭代表性慾，鮮紅的舌頭和花朵中的雄蕊，則都是陽具的表徵。

馬德里：國立蘇菲亞王妃藝術中心

對妻子加拉的愛情是達利最偉大的作品

怪誕天才達利遇上了加拉(Gala)以後，將他對妻子的愛意強烈展現在畫作，其中《手淫成癖者》便是他替加拉繪製的第一幅畫，《蜜蜂的飛行》、《原子的麗達》也都以加拉為靈感繆斯。加拉除了是達利的愛人也是經紀人，運用商業操作將達利捧為日進斗金的藝術明星，達利對加拉的依賴近乎病態，以至於在加拉死後達利就未再創作任何一幅畫。

《窗畔少女》，達利
Figura en una finestra, Dalí
1925年

這幅畫大約是達利20歲左右的作品，當時的他尚未受到超現實主義的影響，仍以寫實的手法處理他的繪畫。畫中主角是達利當時17歲的妹妹Ana María，地點是位於Cadaqués的面海度假小屋，畫面大量採用藍色色調令人聯想起畢卡索早期的作品。

> 《窗畔少女》構圖簡單，觀賞者透過背對少女的目光，與她分享前方注視的沙灘。

這幅畫可以看出畢卡索作畫方式更為大膽，他採用鮮豔的色彩、更強烈的表達，顯現畫家雖年事已高，但對繪畫仍充滿了熱情。

《畫家與模特兒》，畢卡索
El Pintor y la Modelo, Picasso
1963年

這幅畫是畢卡索晚年的作品，歷經年少的「藍色時期」到立體派畫風，他在1950年代再度轉換風格，他開始以自己的方法重新詮釋其他著名的歷史畫作，其中包括委拉斯奎茲、哥雅、馬內等人的作品。

《格爾尼卡》的創作靈感
格爾尼卡是西班牙巴斯克地區的一座小鎮，內戰期間被共和國政府當作對抗運動佛朗哥政府的的北方堡壘，1937年被和佛朗哥將軍同一陣線的德國與義大利進行了地毯式的轟炸攻擊，使當地遭受慘烈的蹂躪。

同年，共和國政府委託畢卡索繪製一幅代表西班牙的裝飾畫，好在巴黎的萬國博覽會上展出，於是畢卡索將他對西班牙深受內戰所苦的絕望心情，表現於畫紙上。這幅畫不但日後成為立體派的代表作，也成為畢卡索最傑出的作品之一。

id O n W

巴黎萬國博覽會結束後《格爾尼卡》並沒有馬上回到西班牙展出，而是到處流浪了44年。當時畢卡索不願意把他的作品放在由佛郎哥獨裁統治的西班牙，強調西班牙恢復為共和國之時才會把畫交給西班牙政府。

《格爾尼卡》，畢卡索
Guernica, Picasso
1937年

撤棄戰爭畫面中經常出現的血腥紅色，畢卡索只以簡單的黑、灰、白三色，勾勒《格爾尼卡》，反而呈現出一種無法擺脫的陰鬱感和沉重的痛苦，以及難以分辨的混亂。畫中無論動物或人的姿勢或身形，都展現防禦的動作，然而卻都遭到無情的折磨。被火燒燼的建築和倒塌的牆壁，表達的不只是這座小鎮遭到摧毀，更反映出內戰恐怖的破壞能力。

> 位於馬匹頭上、被「邪惡之眼」包圍的燈泡，是畢卡索試圖以西班牙文中的「燈泡」(bombilla)隱喻英文中的「炸彈」(bomb)。

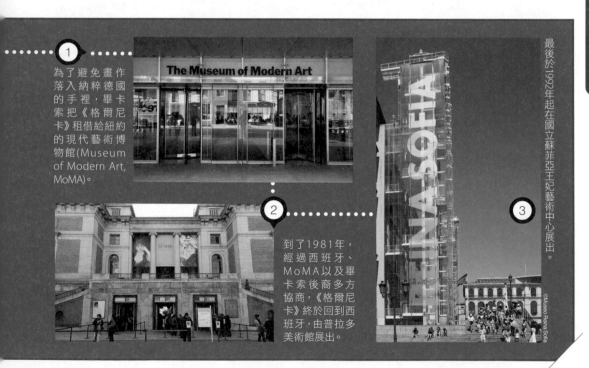

1 為了避免畫作落入納粹德國的手裡，畢卡索把《格爾尼卡》租借給紐約的現代藝術博物館(Museum of Modern Art, MoMA)。

The Museum of Modern Art

2 到了1981年，經過西班牙、MoMA以及畢卡索後裔多方協商，《格爾尼卡》終於回到西班牙，由普拉多美術館展出。

最後於1992年起在國立蘇菲亞王妃藝術中心展出。

3

REINA SOFIA

©Museo Reina Sofia

雖然是馬德里藝術金三角中最「年輕」的美術館，但館藏不輸普拉多博物館和國立蘇菲亞王妃藝術中心喔！

王牌景點 ⑧

馬德里‧提森‧波尼米薩美術館

MAP
P.35
D2

提森‧波尼米薩美術館
Museo Nacional Thyssen-Bornemisza

提森‧波尼米薩美術館是構成馬德里「藝術金三角」缺一不可的角色；館場今日所在的建築，前身原是一棟18世紀的宮殿Palacio de Villahermosa。

地面樓展出的是20世紀的現代作品，包括畢卡索、達利、米羅、蒙德里安等立體派、超現實主義等大師的作品，2～3樓則有許多鎮館之作。

造訪提森‧波尼米薩美術館理由

① 構成馬德里藝術金三角的美術館

② 世界上最精緻的私人收藏家之一

③ 由館方設計的獨特主題路線

讓語音導覽帶來充滿趣味的美術館之旅

提森·波尼米薩美術館提供了多種語音導覽，可根據時間安排選擇1、2或3小時的語音導覽，分別介紹15、30、50件作品。而特設展以及主題路線的導覽則分別長達60分鐘及45分鐘。

特設展及主題路線的導覽只有西文和英文，常設展則有提供中文導覽。

1樓展出的則是17~20世紀初的作品，特別是荷蘭派、德國表現主義和法國印象派畫作，包括竇加的《芭蕾舞者》、德國表現主義先驅Ernst Ludwig Kirchner等名作，和梵谷的《奧維的風光》。

位於2樓的是13~17世紀的早期義大利畫作，例如吉蘭達優(Ghirlandaio)的《托納布歐尼的肖像》、Marco Zoppo的《San Jerónimo en el Desierto》。

提森男爵家族父子倆

館內展覽品來自提森男爵家族的兩代私人收藏——父親Baron Heinrich Thyssen-Bornemisza de Kászon與兒子Baron Hans Heinrich Thyssen-Bornemisza。

Baron Heinrich是一位德國——匈牙利籍的企業家兼藝術收藏家，他於1920年代開始投入收藏行列，從一群面臨「大蕭條」(The Great Depression)和繼承大量遺產稅的美國富豪手中得到像是吉蘭達優等大師的作品。

兒子Baron Hans Heinrich則將親戚手上的收藏加以整理，並大量擴充傳承自父親的遺產，終於使得提森家族成為世界上最精緻的私人收藏家之一。

1992年時，提森·波尼米薩美術館在Baron和西班牙政府的雙方協議下開幕，西班牙政府並於隔年買下了Baron的收藏。

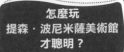

怎麼玩提森·波尼米薩美術館才聰明？

由上往下的獨特參觀路線

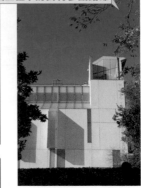

與其他美術館不同的是，提森·波尼米薩的參觀路線是從頂層開始，收藏品也**依年代順序逐漸往下**發展。

不同主題路線導覽

美術館特別設計了一系列的**主題路線**，其中有食物、珠寶、酒文化、時尚等主題，來看看這些路線裡包含了哪些作品吧！

省時又省錢的藝術大道套票

購買**藝術大道套票**(Paseo del Arte Pass)既不用排隊又可省錢，可以同時參觀提森·波尼米薩美術館、普拉多美術館以及國立蘇菲亞王妃藝術中心的常設展，詳見P.051。

至少預留時間
只欣賞必看作品：30分鐘
全部都想看：至少3小時

地鐵2號線到Banco de España站下，步行約5分鐘

ⓖPaseo del Prado 8　☎791-1370
⏰週一12:00~16:00(僅開放常設展)，週二至週日10:00~19:00(週六特票延長至23:00)
🚫1/1、5/1、12/25
💶全票€13、優待票€9，租借語音導覽€5
🌐www.museothyssen.org
✹每週一常設展免費參觀

來看看提森家族的收藏到底有多厲害～

《托納布歐尼的肖像》，吉蘭達優
Retrato de Giovanna degli Albizzi Tornabuoni, Ghirlandaio
1489~1490年

這幅畫是15世紀肖像畫的完美範例，畫中主角擺出當時的經典姿勢：面向左邊的半側面沒有特殊表情，彎曲的手臂手掌交疊在一塊。畫像的背景只有幾項私人物品出現在簡單的建築結構中：一串紅色念珠、Martial的警世語、一本可能是聖經的書籍和一件珠寶。

> 無論是畫中人物認真的神情，或是出現在背景中與宗教相關的物品，都讓人感覺一種純潔的氣氛。

> 綠衣舞者只有一位以完整身型出現，她彷彿急速轉彎後被人以畫筆定格，而從畫面傾斜的水平面推測，畫家的角度可能是一旁的包廂。

《芭蕾舞者》，寶加
Bailarina Basculando, Degas
1877~1879年

芭蕾舞者是寶加最引人注目的畫作主題，他以創新的構圖，細膩地模擬人物的動作，使得畫面栩栩如生，彷彿時空凝結。這幅《芭蕾舞者》又稱為《綠衣舞者》，以粉彩創作，由於寶加晚年視力大不如前，粉彩可以讓他不必耗費過多的眼力。

《雕刻坐椅前的法蘭欣》，Kirchner
Fränzi ante una Silla Tallada, Kirchner
1910年

Ernst Ludwig Kirchner是「橋派」(Die Brücke)藝術的發起人之一。「橋派」藝術強調打破傳統藝術藩籬，以寫生的方式抒發澎湃激昂的情感，後來更成為帶領德國表現主義的主要團體之一。這張畫是「橋派」藝術和現實主義的代表作，畫中來自勞動階級的少女坐在一張雕刻成裸女的椅子上，她瞪著畫家的表情，在綠色的深濃筆觸下，和背景的粉紅色「人體」，形成強烈的對比。

《蜜蜂的飛行》，達利
Sueño causado por el vuelo de una abeja alrededor de una granada un segundo antes del despertar, Dalí
1944年

這幅畫全名為《一隻在石榴周圍飛行的蜜蜂所造成的夢境 夢醒前一秒》，達利沉迷於佛洛伊德對夢的理論，這幅畫可以說是他個人對佛洛伊德的夢理論的解析。

這幅畫的主角是達利的妻子和繆斯——加拉躺在一塊大石頭上做著夢，這個是由蜜蜂飛行時發出的嗡嗡聲所引起的。達利把她的夢境畫在右上方：一條魚從一顆爆開的石榴噴出來，兩隻兇猛的老虎，還有一把刺刀則從魚的嘴巴裡跑出來。對準加拉手臂的刺刀，將會一秒後把她從夢中叫醒。

光線落在深陷沉思的女子手中拿著的紙張上，和她處於陰影中的臉龐以及下垂的肩膀，形成強烈的對比。

《旅館房間》，霍普
Habitación de Hotel, Hopper
1931年

平凡的旅館房間裡，一名女子獨坐於床沿，她看來極度疲倦，甚至無法收拾散落的衣物。牆壁和衣櫃勾勒出空間感，畫中出現的對角視野，讓人猶如透過房門或窗戶觀賞房內景象。霍普的畫總是可以看見潛藏於人心的不確定感：面露愁容甚至看不清臉的主角，處於一種現代卻冰冷的環境中，詭譎的光線讓畫中簡潔、銳利的線條，增添了無比的疏離感。

膽小勿入！說到西班牙文化傳統，一定少不了鬥牛舞或鬥牛賽，別錯過人與牛的競技藝術！

馬德里：凡塔斯鬥牛場

MAP P.35 F1

凡塔斯鬥牛場
Plaza de Toros de Las Ventas

馬德里的凡塔斯鬥牛場可說是世界上最重要的鬥牛場，是座外觀用紅磚砌成、混回教色彩風格的建築，於1931年正式啟用。近幾年來，凡塔斯不僅當成鬥牛場使用，2003年夏天時，「電台司令」(Radiohead)樂團曾經在此舉辦演唱會，2008年時，這裡更被改為戴維斯杯(Davis Cup)網球賽的球場，納達爾(Rafael Nadal)在與美國的半決賽中，帶領西班牙隊贏得冠軍。

至少預留時間
觀看鬥牛賽：2~3時
參加導覽行程：約50分鐘

地鐵2、5號線到Ventas站下，步行約3分鐘

○Calle Alcalá 237
☎356-2200
◷博物館10:00~18:00(節慶期間至16:00)
⑤博物館免費；鬥牛賽視座位和比賽而異，費用約€5~€227
❻www.las-ventas.com

觀看鬥牛表演小TIPS！

- **座位依日曬分區**：門票分為日曬區(Sol)、日蔭區(Sombra)和介於中間的半日曬半日蔭區(Sol y Sombra)，如果不想被西班牙毒辣的太陽照射，就只好買最貴的日蔭區了。
- **軟坐墊保護屁屁不可少**：由於場內除了第一排的高級沙發區外，大部分都是硬梆梆的石板座位，所以驗票後現場有提供軟座墊租借服務，一個約為€1.2，少少花費帶來舒適享受很值得啦～
- **別忘了帶上一條白手帕**：在傳統鬥牛表演中，如果鬥牛士表現精采，觀眾就會揮舞手中的白手帕來喝采，想加入西班牙觀眾的歡呼隊伍就記得帶條白手帕！

怎麼玩鬥牛場才聰明？

免費參觀鬥牛博物館

鬥牛場附設的**鬥牛博物館**(Museo Taurino)可以免費參觀，館內展出大量與鬥牛相關的史蹟與用具，如果你錯失凡塔斯的鬥牛季，還是可以到這裡看看。

鬥牛賽季最熱鬧

每年3~10月的**週日**都會舉辦鬥牛比賽，尤其是在5月的聖伊西多羅節(Fiestas de San Isidro)慶典期間，更是每天都上演熱鬧滾滾的鬥牛賽！鬥牛賽於下午6、7點左右開始，會持續2~3小時之久。

參加導覽行程

由**專人帶你走進鬥牛場**，親身體驗鬥牛士站在場上的滋味，或是利用語音導覽自行參觀，也有**夜遊行程**可選擇，詳見lasventastour.com。

造訪凡塔斯鬥牛場理由

1. 鬥牛賽季必訪景點
2. 西班牙最大的鬥牛場
3. 了解鬥牛的歷史文化

鬥牛場前的廣場豎立著兩尊雕像，分別為西班牙著名的鬥牛士Antonio Bienvenida和Jose Cubero。

鬥牛場可容納2萬多個觀眾，座位被劃分為10個區域。

鬥牛場小檔案

建造年份：1922~1929年
啟用時間：1931年7月17日
直徑：60公尺
容納人數：23,798人

馬德里：凡塔斯鬥牛場

067

既是皇宮又是修道院，兼具美術館、圖書館、陵寢和教堂機能的偉大建築。

這裡的收藏以菲利浦二世收藏的畫作為中心，從義大利文藝復興的拉斐爾，到西班牙巴洛克大師委拉斯奎茲，特別是菲利浦二世最偏愛的埃爾·葛雷科(El Greco)的傑作都在收藏之列。

馬德里：艾斯科瑞亞的皇家聖羅倫索修道院

MAP
P.33

艾斯科瑞亞的皇家聖羅倫索修道院
Real Sitio de San Lorenzo de El Escorial

　　艾斯科瑞亞的皇家聖羅倫索修道院是西班牙國勢頂盛時，國王菲利浦二世投注畢生心血完成的偉大建築，曾經是伊比利半島的政治、經濟、文化中心，內部收藏的美術品無論價值或數量都難以估計。

　　一度是歐洲兩大霸權家族的波旁家族和哈布斯堡家族，都曾是艾斯科瑞亞的主人，宮殿部分還保留了有兩大家族昔日的居所，精美華麗的家具、擺飾，以及陶瓷、玻璃，令人讚嘆。

造訪皇家聖羅倫索修道院理由

1 西班牙黃金時代的痕跡

2 1984年被列入世界遺產

3 華麗的皇室陵寢

位於中心的主教堂圓頂，可說是達到建築工事與裝飾上的巔峰之作。

皇家聖羅倫索修道院是一座體積異常龐大的建築，其中光房間就多達4,500間，庭院總計共16座。

艾斯科瑞亞皇宮外觀趨向毫無人性的黃灰色，配上剛硬的線條，打破過去的建築型式，影響了伊比利半島的建築風格長達一個世紀。

菲利浦二世為了完成艾斯科瑞亞，幾乎動員了當代西班牙、義大利最有名的藝術家，也因此皇宮處處無不精雕細鑿。

怎麼玩艾斯科瑞亞的皇家聖羅倫索修道院才聰明？

歷史悠久的圖書館

參觀過修道院和教堂後，別忘了前往收藏大量珍貴古籍的**圖書館**(La Biblioteca)，出自Tibaldi之手的天花板，其濕壁畫金碧輝煌，幾乎令人眼花撩亂。

難得一見的皇室陵寢

菲利浦二世後統治伊比利半島的國王，幾乎都長眠於其內的**皇室陵寢**(el Panteón de los Reyes)中，**一具具鑲金、莊重的棺木**井然有序地置放於壁間。

情聖「唐璜」也長眠於此～

真實歷史中的唐璜其實是西班牙國王卡洛斯一世的私生子，雖然傳聞本人相貌俊美如歌劇中一般風流倜儻，但並非只是拈花惹草的無賴。
他曾任地中海艦隊司令率領聯合艦隊阻止鄂圖曼帝國的擴張，在軍隊戰功赫赫，死後身為皇族一員的他也如同其他西班牙皇族成員般將棺墓置放於此皇室陵寢。

至少預留時間
深度走訪修道院：約2小時
在城鎮裡到處逛逛：半天

◎在查馬丁和阿托查火車站搭乘近郊火車前往，車程約1小時，火車班次頻繁
◎地鐵3、6號線Moncloa站下方的巴士總站搭乘661、664號公車前往，車程同樣約1小時。抵達艾斯科瑞亞後，沿車站外主要道路直走約15分鐘，即可抵達皇宮

🏛Calle de Juan de Borbón y Battemberg s/n
☎890-5902
🕙10~3月週二至週日10:00~18:00、4~9月週二至週日10:00~19:00
🈺週一、1/1、1/6、5/1、9/9、12/24~25、12/31
🎫全票€14、優待票€7
🌐www.patrimonionacional.es
❗修道院內部禁止拍照

多災多難 的古典式皇宮，以**皇宮建築和庭園之美**最為人所稱道。

馬德里：阿蘭惠斯皇宮

這幢以磚塊與石頭堆砌的古典式皇宮有些多災多難，18世紀曾數度被放火燒毀部份，幸好都被補救復原。

MAP P.33 阿蘭惠斯皇宮
Palacio Real de Aranjuez

和艾斯科瑞亞的皇家聖羅倫索修道院一樣，阿蘭惠斯皇宮的設計也是出自煥包提斯達(Juan Bautista)與煥德艾雷拉(Juan de Herrera)兩位大建築師之手。

皇宮東北方的聖安東紐廣場(Plaza de San Antonio)是開放式的綠地兼廣場，現在是鎮上政府的辦公廳。王子庭園最東邊的盡頭，有一幢造型類似馬德里皇宮的農民小屋(Casa del Labrador)。

造訪阿蘭惠斯皇宮理由

1 2001年被列入世界遺產

2 庭園環伺清麗皇宮

3 18世紀法式巴洛克花園

阿蘭惠斯小科普

阿蘭惠斯是個人口大約6萬居民的小鎮,位於馬德里南方不到30公里處,因為有塔霍河(Río Tajo)流貫其中,是國土中央的麥西達高原(Meseta)地區難得的肥沃平原,農作興盛,所產的草莓和蘆筍尤其受歡迎。

吉他名曲《阿蘭惠斯協奏曲》(Concierto de Aranjuez)

這首舉世聞名的吉他金曲是西班牙作曲家羅德里哥(Joaquín Rodrigo)的代表作,因為羅德里哥與太太在阿蘭惠斯度蜜月,優美景緻的阿蘭惠斯宮給了他創作靈感,所以寫下這首曲子。這首協奏曲少見的讓吉他成為獨奏樂器,巧妙的使吉他與整個管弦樂團達到協調,被稱為吉他音樂的里程碑。

坐不一樣的火車去阿蘭惠斯!

草莓火車(Tren de la Fresa)是西班牙特色列車(Trenes turísticos)之一,每年3月至6月以及10月至11月週末行駛於馬德里王子火車站與阿蘭惠斯之間。火車是用70年代製的火車頭以及全木頭的車

廂,車上也會有工作人員穿著傳統服裝為乘客送上草莓。草莓火車有多種行程路線,包含了來回火車、自由參觀或導覽參觀皇宮或花園等。

☎506-8053 ◷去程馬德里出發10:00、回程阿蘭惠斯出發18:36,車程約1小時 ⓢ全票€27~53、優待票€21~42 ⓦtrendelafresa.es ❶每年車次、時間、票價可能異動,請參考官網

怎麼玩阿蘭惠斯皇宮才聰明?

多種風格於一建築

內部特別設置了一間**瓷器室**(Gabinete de Porcelana),不但收藏有來自中國的瓷器,連房間都大量運用**中式圖案**,佈置得中國味十足,比其他諸多華麗的廳室更吸引觀光客。

紀念起義的特殊節日

當地人每年9月的第一個末會慶祝**莫丁節**(Fiestas del Motín),以紀念1808年的阿蘭惠斯起義。節慶期間人們以古人的裝扮,用戲劇、舞蹈重現當年起義。

皇宮附近庭園處處,西側的小島庭園(Jardín de la Isla)是因為利用塔霍河蜿蜒合抱的地形,精心設計成的人工島嶼,所以名為「小島」。

至少預留時間
參觀皇宮內部:約40分鐘
在花園拍網美照:至少1小時

◎搭乘近郊火車C3線,往阿蘭惠斯方向到終點站即是,約每30分鐘一班
◎從阿托查火車站出發車程約40分鐘

🏠Plaza de Parejas
☎891-1344
◷4~9月週二至週日10:00~19:00、10~3月週二至週日10:00~18:00
⊗週一、1/1、1/6、5/1、5/30、9/6、12/24~25、12/31等重要節日
ⓢ皇宮全票€9、優待票€4、導覽€6
ⓦwww.patrimonionacional.es
❶皇宮內部禁止拍照

小島花園東鄰的王子庭園(Jardín del Principe)也是順著塔霍河的流向,但園地幅員更為遼闊、「花樣」更多。

馬德里除了教堂和廣場，還有一些**公園和市集**也值得一逛哦！

 MAP P.34 C2

主廣場
Plaza Mayor

如何前往

地鐵1、2、3號線到Sol站下，步行約5分鐘

　　今日四周環繞著三層樓建築的主廣場，是一場大火後，於1790年重建的結果，過去是皇室舉辦各種儀式與節慶活動，以及舉辦鬥牛、行刑的主要場所，237座面對廣場的陽台，正是為此設計，而多達9道的入口，則用來疏散大量聚集的人群。

這三層樓建築原名麵包店之家(Casa de la Panadería)，因為底層開始是麵包店，後來有一段時間由聖費南度皇家美術學院總部入駐，如今是馬德里觀光局的辦公室。

©flickr Jim Whitehead

廣場中央聳立著菲利浦三世的雕像。

©flickr Jean-Pierre Dalbéra

自庫奇列洛斯門(Arco de Cuchilleros)的出口拾階而下，有許多頗具歷史的酒館(Taberna)，有些還提供佛朗明哥舞表演。

馬德里：延伸行程

id O n W

BEFORE	1812年後	1814年	1820年-1939年	1939年至今
廣場原先名為「**阿拉巴爾廣場**」，之後改稱「**主廣場**」	為紀念憲法，西班牙所有主要廣場更名為「**憲法廣場**」	波旁王朝恢復後，皇室將其改名為「**皇家廣場**」	廣場反覆被更名為「**憲法廣場**」或「**共和國廣場**」	直到西班牙內戰結束，才恢復稱為「**主廣場**」至今

MAP P.34 C3

聖伊西多羅大教堂
Colegiata de San Isidro

如何前往

地鐵5號線到La Latina站下，步行約3分鐘或1號線到Tirso de Molina站下，步行約5分鐘

info

⌂Calle Toledo 37 ☎369-2310

🕐07:30~13:00，18:00~21:00

💲免費

🌐www.congregacionsanisidro.org

　　這座有巴洛克式雙塔的教堂創立於17世紀，原本是西班牙第一座耶穌會教堂。後來耶穌會遭到驅逐，這裡成為供奉馬德里守護聖人勞動者伊西多羅(Isidore the Laborer)的教堂，裡頭長眠著該位聖人和他妻子Maria de la Cabeza的遺體。

誰是伊西多羅？

伊西多羅是一位生活於12世紀的農民，一生行使過無數奇蹟，包括讓孩童死而復生，以及使岩石中湧出泉水等等，因此被供奉為雨神和治療之神。每年5月15日伊西多羅節時，馬德里都會舉辦長達好幾天的鬥牛活動加以慶祝。

伊西多羅節的經典美食不可錯過！

在一年一度的伊西多羅節時，馬德里人除了穿著傳統服飾歡慶節日，也習慣在草坪上野餐享用「甜甜圈+檸檬水」這套經典美食組合。甜甜圈(Rosquillas)是用茴香調味的炸麵團，而檸檬水(Clara con limón)是由葡萄酒、檸檬、糖及水果塊混合而成的飲料。

甜甜圈有四種口味，原味的Las Tontas、加了彩色糖霜粉的Las Listas、有一層蛋白霜的Las de Santa Clara以及加了杏仁的Las Francesas。

從19世紀末到20世紀末，在阿穆納德聖母大教堂落成以前，這裡一直扮演馬德里大教堂的角色。

 MAP P.34 B2 薩巴提尼花園
Jardines de Sabatini

如何前往

地鐵2、5、R號線到Ópera站下，步行約7分鐘

　　薩巴提尼花園前身原是一座皇室馬棚，出自18世紀義大利設計師法蘭西斯柯·薩巴提尼(Francesco Sabatini)的設計。1933年時，皇室下令清除馬棚，並花了30多年的時間將其改建成花園。後來璜·卡洛斯一世(Juan Carlos I)國王，1978年時將薩巴提尼花園對全民開放，使它成為居民最愛的閱讀、散步地點之一，也是觀賞日落的好地點。

 MAP P.34 B2 東方廣場
Plaza de Oriente

如何前往

地鐵2、5、R號線到Ópera站下，步行約5分鐘

　　東方廣場最初由約瑟夫·波拿帕(Joseph Bonaparte)下令興建，他是拿破崙的哥哥，曾經於1808年至1814年間統治過西班牙。這裡原本坐落著一棟由一群藝術家興建的戲劇院，1818年時為了興建皇室戲劇院而將舊劇院拆除，西班牙政局卻動盪不安，使得興建戲劇院的計劃一直延宕到伊莎貝爾二世(Isabel II)任內才得以完工，東方廣場的情況也是如此。

薩巴提尼花園曾屬於皇宮的一部分。

點綴花園的西班牙國王雕像並非專為花園設計，而是從皇宮的側翼搬來的。

id O n W

菲利浦四世當時為了呈現自己的氣宇軒昂，特命設計師僅以馬後腳站立之姿幫他製作騎馬像，但以當時的雕塑技術實在難以呈現，所以設計師Pietro Tacca找上大名鼎鼎的物理學家伽利略，運用精密力學計算巧妙地以馬前腳空心、後腳實心的做法完成，所以這件雕塑實在是藝術跟科學完美的結合啊！

©flickr Fred Romero

修剪成幾何圖案的樹籬環繞著長方形水池，四周聳立姿態優雅的雕像。

馬德里：延伸行程

皇室化身修道院
Real Monasterio de la Encarnación

MAP P.34 B2

如何前往

地鐵2、5、R號線到Ópera站下,步行約5分鐘

info

🏛Plaza de la Encarnación 1

☎454-8800

🕐週二至週六10:00~14:00、16:00~18:30,
週日和假日10:00~15:00,閉館前1小時停止
入場

🚫週一、1/1、1/6、3/27~30、5/1、12/24~25、
12/31 💶全票€8

🌐www.patrimonionacional.es

❗需跟隨西班牙語導覽團參觀,每梯次約50
分鐘

　皇室化身修道院於1611年由菲利浦
三世(Felipe III)和奧地利的瑪格麗特
(Margaret of Austria)創立。

　裡頭最為人所津津樂道的,是St.
Pantaleón的聖骨匣,在這個玻璃容器
中收藏著袚凝固的血液,據說每年7月
27日當天都會液化,否則來年西班牙可
能會遭逢厄運。

> 這裡昔日是皇室女子出家的
> 地方,因此有許多來自皇室的捐獻,
> 包括珍貴的17~18世紀藝術品,像是Lucas
> Jordán、Juan Van der Hamen、Vicente
> Carducho、Gregorio Fernández和
> Pedro de Mena的作品。

> 璜娜將昔日父
> 母的皇宮改建為修道院,後來更吸引
> 許多年輕寡婦或貴族女子前來隱居,她們帶
> 來的豐厚財物,日後都成為修道院的
> 珍藏。

皇室赤足女子修道院
Monasterio de las Descalzas Reales

MAP P.34 C2

如何前往

地鐵2、5、R號線在Ópera站下,步行約5分鐘

info

🏛Plaza de las Descalzas ☎454-8800

🕐週二至週六10:00~14:00、16:00~18:30,
週日和假日10:00~15:00,閉館前1小時停止
入場

🚫週一、1/1、1/6、3/27~30、5/1、12/24~25、
12/31 💶全票€8

🌐www.patrimonionacional.es

❗需跟隨導覽團參觀,每梯次約1小時

　皇室赤足女子修道院是昔日西班牙
皇室女子侍奉上帝的地方,由卡洛斯
一世(Carlos I de España)的女兒璜娜
(Juana de Austria)所創立。從建築高
聳、厚實的外觀,很難推測修道院內華
麗的景象,一道17世紀濕壁畫的大階梯
帶領遊客進入截然不同的世界。在眾
多修道院的收藏中,包括提香(Titian)的
《Caesar's Money》、魯本斯(Rubens)
設計的織毯,以及蘇巴蘭、利貝拉(José
de Ribera)等大師的作品。

西班牙廣場
Plaza de España
MAP P.34 B1

如何前往
地鐵3、10號在Plaza de España站下

　　格蘭維亞大道一方的盡頭便是西班牙廣場，廣場後方有兩棟全馬德里最早的摩天大樓，分別是面對紀念碑時位於左側的馬德里塔(Torre de Madrid)和右側的西班牙大廈(Edificio España)，高度分別為142公尺和117公尺，都是完工於20世紀中。

廣場中央端坐著塞萬提斯的大型紀念碑，前方是《唐吉訶德》主人翁主僕二人。

這個四周被高樓包圍的廣場主要用來紀念西班牙大文豪塞萬提斯(Miguel de Cervantes Saavedra)。

收藏於普拉多美術館的哥雅名畫《1808年5月3日的馬德里》(El Tres de Mayo de 1808 en Madrid)裡的事件就發生在西班牙廣場。

來自世界各地的三萬種植物，隨著季節綻放或結果，全年展現出不同的風情。

到此散步或野餐，甚至校外教學都是不錯的選擇。

靜謐是皇家植物園最大的特色。

園內共有5座溫室，不定期展出與植物相關的展覽。

皇家植物園
Real Jardin Botanico
MAP P.35 E3

如何前往
地鐵1號線到Estación del Arte站下，步行約5分鐘

info
🏛Plaza de Murillo 2 ☎420-3017
🕐11~2月10:00~18:00，3月、10月10:00~19:00，4月、9月10:00~20:00，5~8月10:00~21:00 ⊗1/1、12/25
💰植物園全票€4、優待票€1；植物園與展覽套票全票€6、優待票€3
🌐rjb.csic.es ⏰每週二10:00~13:00免費

　　普拉多大道素以綠意著稱，植物園更增添它大自然的氣息。這並不是西班牙歷史上第一座植物園，費南度六世1755年就曾經打造過一座，後來被卡洛斯三世搬到了今日的位置。

　　1781年時卡洛斯三世考慮到保存植物科學的品種和分布的歷史與藝術價值，下令創立這座植物園，以當作研究植物生活的中心。

這裡原本是菲力浦二世的夏宮，其後的國王也在此度過不少愉快的時光。

當時這座皇室公園還位於馬德里的城牆之外，如今隨著城市擴張，反而成為老百姓假日休閒的市區公園。

這裡除了部分為法式庭園風格外，其他多採取自然方式，公園內點綴著美麗的雕像。

場所，前方的柱廊總聚集了情侶和談天、嬉戲的年輕人，十分熱鬧。

公園中央的水池已成為划船戲水的最佳

為了1887年萬國博覽會興建的水晶宮(Palacio de Cristal)，如今供臨時展覽使用。

MAP
P.35
F2

雷提洛公園
Parque del Retiro

如何前往

地鐵2號線到Retiro站下，步行約1分鐘

info

⊕Plaza de la Independencia 7

⏰4~9月06:00~00:00，10~3月06:00~22:00

💲免費

❗水晶宮關閉整修中，重新開放時間請上網站查詢。

id O n W

在公園的眾多雕像中，最特殊可以說是於南端的墮落天使(El Ángel Caído)雕像，因為這是世界上少數描寫撒旦路西法的雕像。這座雕像在1878年當時充滿爭議，因為雕像通常是表達敬意或紀念，即使在今日，世界上這樣的撒旦雕像也是十分罕見！

雷提洛公園坐落在馬德里市區的東邊，是一個占地約125公頃的大型公園，於1868年時對民眾開放。

這裡原本是菲力浦二世的夏宮，但在拿破崙戰爭時遭到破壞，只剩下兩棟建築，分別改設為武器和繪畫博物館。

MAP P.35 E1

哥倫布廣場與塞拉諾街
Plaza de Colón & Calle de Serrano

廣場上的哥倫布紀念碑落成於1885年，這位偉大的航海家站在高塔上遙指著西方，標示出他前往加勒比海的道路方向。

如何前往

地鐵4號線到Colón站下

　　哥倫布廣場和希比雷斯廣場(Plaza de Cibeles)之間的雷克列托步道(Paseo de Recoletos)，是一條美麗的徒步街，原本通往一座18世紀的巴洛克式城門，可惜已毀於法國軍隊之手。

　　與雷克列托步道平行的塞拉諾街(Calle de Serrano)則是名牌精品聖地，從時尚平價品牌到高級服飾百貨，皆在此一字排開，讓人想「全身而退」也難。

塞拉諾街各式品牌聚集，從西班牙Loewe皮革製品、Adolfo Dominguez高級服飾，到平價品牌Zara，連El Corte Inglés英國宮等高級百貨公司也在這裡開分店。

馬德里：延伸行程

🎁 Loewe

🚇地鐵4號線在Serrano站下，約步行1~3分鐘 📍Calle de Serrano 34 ☎577-6056 ⏰週一至週六11:00~20:00、週日12:00~19:00 🌐www.loewe.com

替西班牙皇室生產皮件的Loewe，自然不能在精品店齊聚的塞拉諾街上缺席，它在塞拉諾街上就有兩家店，其中與Calle Goya街交會口的這一間是旗艦店，是馬德里所有分店中貨色最齊全的一間。

🎁 Zara

🚇地鐵4號線在Serrano站下，步行約5分鐘 📍Calle de Serrano 23 ☎436-3158 ⏰週一至週六10:00~22:00、週日12:00~21:00 🌐www.zara.com

Zara在馬德里擁有多達將近30間的商店，幾乎只要是人潮聚集的地區，就能發現它的分店，在當地受歡迎的程度可見一斑，也因此即使是四周都是名牌夾殺的塞拉諾街，Zara也在這裡開設了一間規模不可小覷的分店。

店內商品種類豐富，從女裝、男裝到童裝全部都有。

🎁 Lladró

🚇地鐵4號線在Serrano站下，步行約10分鐘 📍Calle Serrano 76 ☎435-5112 ⏰週一至週六10:00~20:00 休週日 🌐www.lladro.com

西班牙國寶級陶瓷品牌Lladró，由瓦倫西亞的三兄弟創立，它精緻的陶瓷娃娃不但件件都如藝術品，且各個神韻動人，無論是玩耍的孩童、跳舞的少女甚至打瞌睡的狗狗，都讓人著迷。

Lladró的直營店這幾年快速增加，除了瓦倫西亞之外，就屬馬德里的這間規模較大，商品種類齊全，走逛其中猶如參觀一座小型美術館。

🎁 ABC Centro Commercial

🚇地鐵5、9號線在Núñez de Balboa站下，步行約5分鐘 📍Calle Serrano 61 ☎577-5031 ⏰週一至週六10:00~21:00 休週日 🌐www.abcserrano.com

「ABC購物中心」是馬德里最大的購物中心，位於距離市中心稍遠的地方，不過高達5層樓的空間裡有各式各樣的專賣店，包括配件、襪子、鞋子、酒類甚至電話等等，商店多達50家。此外，購物中心內還附設了多家咖啡館，逛街之餘可以稍作休息。

跳蚤市場
El Rastro

MAP P.34 C3

市場自Plaza de Cascorro開始，主要的露天攤位和商家在Calle de la Ribera de Curtidores這條街上。

如何前往

地鐵5號線到La Latina站下車

info

⌂ Calle de la Ribera de Curtidores

⊙ 週日與假日09:00~15:00

🌐 rastromadrid.com

　打從中古世紀開始，這裡就有市集的存在，馬德里的週日跳蚤市場，就屬這裡規模最大，想要挖寶、或想找些稀奇古怪的東西，到這座跳蚤市場準沒錯！販賣的商品有二手服飾、皮衣、皮件、嬉皮風的飾品與衣服、古董等，雖然説這裡的價格比歐洲其他地方的跳蚤市場來得低，但還是別忘了狠狠殺價一番！

Las Rozas Village

MAP P.34 A1

Las Rozas Village擁有非常舒適的購物環境，規劃得宜的街道，串連起兩旁約百家商店。

如何前往

◎ 從馬德里的3、6號線地鐵的Moncloa站下方的巴士總站，搭乘625、628或629號巴士在Las Rozas Village/Heron City站下即可達，車程約40分鐘。

info

⌂ Calle Juan Ramón Jiménez 3, Las Rozas

☎ 640-4900

⊙ 10:00~21:00(周六至22:00)

✗ 12/25、1/1、1/6、5/1

🌐 www.lasrozasvillage.com

　這座位於馬德里西北方約20公里處的暢貨中心，Loewe、Purificación García、Adolfo Domínguez、TOUS等西班牙品牌，在此均設有暢貨銷售點，其中部份商

台灣人很喜歡的西班牙品牌Camper在這裡也有設櫃，經常有驚喜折扣。

品折扣可能多達60%。其他國際精品還包括Armani、Burberry、Calvin Klein、Polo Ralph Lauren、Versace等等，年輕人喜愛的Levi's、Tommy Hilfiger、Diesel、Lacoste…同樣出現於名單上。至於喜愛美國設計師Michael Kors 設計的包包、或是法國居家薰香品牌L'Occitane、奧地利水晶Swarovski，也別錯過此地。

用餐選擇

馬德里的餐廳不是百年老店，就是**百年建築**，當然也少不了高人氣的時尚餐廳和連鎖店。

El Restaurante Botín

全世界最古老的餐廳

🏠 Calle de los Cuchilleros 17

根據《金氏世界紀錄》的記載，波丁餐廳是全世界最古老的餐廳，早在西元1725年即已開幕。這間來頭不小的餐廳，背負著200多年的歷史，從客棧、酒窖、酒館到餐廳，通通都成為紀錄。現今的波丁餐廳在內部陳設上仍保有傳統的古典酒館裝潢，從昔日地下室酒窖改建成餐廳，以及1、2樓鑲有木雕裝飾的陳設，不難感受其悠久的歷史氣氛！

雖然波丁餐廳如此出名，其服務也同樣非常親切。他們十分歡迎客人到1樓烤乳豬廚房與數百隻豬和廚師拍

烤乳豬
(Cochinillo asado)
約€27
推薦菜

照。另外，在用餐完畢後，還會附贈一份本店的菜單和歷史簡介。

🗺 P.34C2　🚇地鐵5號線到La Latina站下，步行約5分鐘或1、2、3號線到Sol站下，步行約10分鐘　☎366-4217　🕐13:00~16:00、20:00~24:00　✖12/24、12/31晚餐時段　🌐botin.es

平日套餐
(1.5公升啤酒
+任選2種火腿)
推薦菜

Museo de Jamón

連鎖火腿商店和餐廳

🏠 Plaza Mayor 17-18

雖然名稱的意思是「火腿博物館」，可別當真以為它是一家博物館，事實上它是馬德里當地著名的連鎖火腿商店和餐廳，採複合式經營，通常店內會

區分為販售火腿的商店、站著享用Tapas的吧台以及餐廳三個部份，而它之所以能以此命名，原因在於店內提供西班牙各地種類眾多的火腿。這家位於主廣場上的分店，表面上看來店面並不大，事實下還有地下一整層的空間，餐廳內掛滿火腿的景象相當壯觀。

🗺 P.34C2　🚇地鐵1、2、3號線到Sol站或2、5、R號線到Ópera站下，步行約7分鐘　☎542-2632　🕐週日至週四09:00~23:30，週五至週六09:00~00:30　🌐www.museodeljamon.com

Casa Ciriaco
卡斯提亞地方菜

🏠 | Calle Mayor 84

這間創立於1916年的餐廳，主要供應卡斯提亞地方菜，它在馬德里深受歡迎的程度，可以從來訪的客人包括藝術家、政治人物、鬥牛士、甚至皇室家族瞧出端倪，除了名人外也包含社會各領域的人物。餐廳的每日套餐包括燉菜，以及該餐廳的招牌菜Gallina en pepitoria——一道以特殊湯頭熬煮的雞肉料理。

🔺P.34B2 🚇地鐵2、5、R號線到Ópera站下，步行約7分鐘 ☎548-0620 ⏰12:00~23:00(週日、週一至16:00) 🌐casaciriaco.es

**吉拿棒
搭配熱巧克力
約€5.9
推薦菜**

**Gallina en
pepitoria
€18
推薦菜**

Chocolatería San Ginès
熱巧克力專賣店

🏠 | Pasadizo de San Ginés 5

這間熱巧克力專賣店在馬德里享有盛名！隱身於太陽門附近的一條小通道中，小小的店門口總是擠滿了排隊點餐的人們，而它戶外的空間，更綿延了一長排的露天座位，無論室內或室外，經常座無虛席且一位難求。巧克力店主要供應又濃又稠的熱巧克力和吉拿棒(Churros)，後者這種在當地被當成早餐的食物，非常適合搭配熱巧克力，把它拿來沾熱巧克力，成為當地特殊的吃法。

🔺P.34C2 🚇地鐵1、2、3號線到Sol站或2、5、R號線到Ópera站下，步行約5分鐘 ☎365-6546 ⏰24小時 🌐chocolateriasangines.com

Café de Oriente
廣場咖啡館及餐廳

🏠 | Plaza de Oriente 2

位於東方廣場旁、擁有欣賞皇宮視野的東方咖啡館，其戶外座位每當天氣晴朗時，總吸引無數遊客或當地人前來喝咖啡。由16世紀的修道院改建而成，昔日的修道院廚房與酒窖，整修為供應法國巴斯克地區料理的餐廳，樓上則提供卡斯提亞菜。儘管露天座位風光明媚，然而裝飾嵌板和紅色軟沙發的室內也相當舒適，皇室成員和外交官都是它的座上賓。

🔺P.34B2 🚇地鐵2、5、R號線到Ópera站下，步行約5分鐘 ☎541-3974 ⏰08:30~00:00(週末09:00起) 🌐cafedeoriente.es

**愛爾蘭咖啡
€9.9
推薦菜**
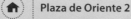

Chocolatería Valor

熱巧克力專賣店

熱巧克力和吉拿棒 €5 推薦菜

🏠 Calle Postigo de San Martíin 7

和Chocolatería San Ginés一樣，這間熱巧克力專賣店同樣供應熱巧克力和吉拿棒(Churros)。Valor是由西班牙著名的巧克力商，創立於1881年，店內採用100%可可亞製造的熱巧克力，少了甜膩感，多了點苦味的芬芳。除了熱巧克力外，Valor還有許多以巧克力為材料的花式飲料，另外也提供令女生瘋狂的熱巧克力鍋。

🔺P.34C2 🚇地鐵2、5、R號線到Ópera站下，步行約5分鐘 ☎522-9288 ◐週一至週五08:00~22:30、週六09:00~01:00、週日08:00~22:30 🌐www.valor.es

La Bola

傳統大雜燴料理

大雜燴 (Cocido) €24.5 推薦菜

🏠 Calle Bola 5

位於皇室化身修道院附近一條同名街道的轉角，這棟外觀紅色的建築相當引人注目。La Bola開幕於1870年，是一家歷史悠久的餐廳，親切的服務生、來自威尼斯的水晶以及厚重的絲絨……至今店內的裝潢依舊洋溢著古典的氣氛。傳統的大雜燴(Cocido)是該餐廳最吸引人的地方，這道以陶鍋盛裝、木柴加熱的料理，是馬德里品嘗同類食物的首選，據說每天可賣到200多份。

🔺P.34B2 🚇地鐵2、5、R號線到Ópera站下，步行約3分鐘 ☎547-6930 ◐週日至週三13:30~15:30、週四至週六12:00~21:00 🌐abola.es

Fresc Co

吃到飽餐廳

🏠 Calle Las Fuentes 12

Fresc Co是西班牙連鎖的吃到飽餐廳，對於預算較少或不希望受到用餐時間限制的旅客來說，是一項相當棒的選擇。餐廳的生菜沙拉吧只能取用一次，結帳後自己找位子坐下，然後可以無限次享用熱食區供應的披薩、肉類料理以及海鮮麵或海鮮飯，一旁甜點區的蛋糕、冰淇淋和水果，以及汽水或咖啡，也同樣無限制供應，絕對能大快朵頤一番。

平日吃到飽 €11.5 推薦菜

🔺P.34B2 🚇地鐵2、5、R號線到Ópera站下，步行約2分鐘 ☎685-5773 ◐12:00~23:30 🌐www.frescco.com

La Gloria de Montera

時尚餐廳

🏠 | Calle Caballero de Gracia 10

在馬德里和巴賽隆納這類大城市，許多餐廳為了衝業績，會在平日比較少人用餐的午間時段，推出價格便宜的每日套餐。La Gloria de Montera是一間非常優雅的時尚餐廳，招牌菜包括羊奶酪蜂蜜醋汁沙拉、紙包海鮮以及義式鮭魚薄片等等。

午餐套餐
約€14

推薦菜

📍P.35D2　🚇地鐵1、5號線到Gran Via站下，步行約2分鐘　☎523-4407　🕐13:00~23:00(週五、週六至23:30)　🌐andilana.com

Casa Mingo

西班牙風情小酒館

🏠 | Paseo de la Florida 34

這間外觀看來堅固結實的餐廳，有著西班牙北部的酒館風情。創立於1888年，有兩樣東西是這間餐廳必點的招牌：一是鮮嫩味美的烤雞，另一則是清爽甜美的蘋果酒。餐廳內空間寬敞，裡頭放置著木頭桌椅，櫃台上方一整面的酒牆，凸顯出挑高的天花板，餐廳用餐氣氛熱絡，假日時因當地人喜歡前來用餐，往往來晚些就一位難求。除了烤雞之外，也提供燉牛肚、火腿、乳酪、西班牙蛋餅等當地常見食物。

烤雞、蘋果酒
€9起　€5.6起

推薦菜

📍P.34A1　☎547-7918　🕐11:00~00:00　🌐www.casamingo.es

同場加映

離開馬德里
的周邊小旅行

馬德里四周還有不少古老的城鎮值得一去，不必擔心交通不便的問題，不論租車或是搭火車，不到半天的時間就可以抵達！從被列為世界文化遺產的「托雷多」及「昆卡」，到保存良好的古羅馬水道橋的「塞哥維亞」以及石頭城「阿維拉」，來到西班牙旅遊，怎能錯過這些西班牙風情萬種的古城！

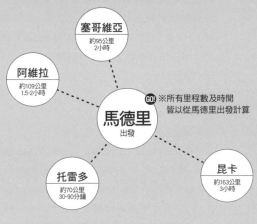

塞哥維亞
約95公里
2小時

阿維拉
約109公里
1.5-2小時

GO!

馬德里
出發

※所有里程數及時間
皆以從馬德里出發計算

托雷多
約70公里
30-90分鐘

昆卡
約163公里
3小時

去一趟車程不到2小時，
一日遊剛剛好

同場加映：離開馬德里的周邊小旅行

MAP
P.85

托雷多
Toledo

如何前往

◎火車

從馬德里的阿托查火車站可搭乘高速火車AVANT前往托雷多，車程約30分鐘，火車班次非常頻繁，平均每30~60分鐘就有一班車。

火車站位於托雷多東北方1公里處，步行約需20分鐘，也可以在火車站前搭乘5或6號巴士前往市中心的索科多佛廣場(Plaza de Zocodover)。

·西班牙國鐵

🌐www.renfe.com

◎長途巴士

從馬德里的Plaza Elliptical巴士站搭乘Alsa的巴士，車程約60~90分鐘，平均每30分鐘1班。巴士站位於Avenida de Castilla a la Mancha大道上，步行前往新比薩格拉城門(Puerta Nueva de Bisagra)約10分鐘，也可搭乘5號巴士前往索科多佛廣場。

·Alsa巴士

🌐www.alsa.es

info

◎托雷多市遊客服務中心

Patronato Municipal de Turismo

📍Plaza del Ayuntamiento s/n

☎254-030 🕐10:00~15:30(週六至18:00)

🚫1/1、1/6、12/24~25、12/31

🌐turismo.toledo.es

◎高速火車站遊客服務中心

📍Paseo de la Rosa, s/n(AVE車站內) ☎239-121

❗暫時關閉，重新開放時間請上網查詢

在馬德里崛起之前，托雷多一直是西班牙政治的重鎮：羅馬人在此修築堡壘、建立城鎮；後來的西哥德人、摩爾人，也先後建都於此。

托雷多整座古城活脫是座現成的博物館，隨處可見回教、天主教、猶太教等曾經影響此地建築、文化的力量，其中特別是融合了回教、天主教和猶太教的混血文化，使得它擁有「三個文化城」的美譽。

推薦1

距離馬德里
約70公里

車程
30~90分鐘

托雷多

Hesperia Toledo Hotel

新比薩格拉亞城門 Puerta Nueva de Bisagra

白色聖母瑪利亞教堂 Sinagoga de Santa Maria la Blanca

聖十字美術館 Museo de Santa Cruz

聖胡安皇家修道院 Monasterio de San Juan de los Reyes

索科多佛廣場 Plaza de Zocodover

主廣場 Plaza Mayor

阿卡乍堡 Alcázar

大教堂 Catedral

聖母升天教堂 Sinagoga del Transito

市政廳廣場 Plaza del Ayuntamiento

聖多美教堂 Iglesia de Santo Tomé

埃爾·葛雷科博物館 Museo del Greco

Rio Tajo

○ 景點　✝ 教堂　🏛 博物館　🚌 巴士站
🚉 火車站　🏛 廣場　ⓘ 遊客中心

托雷多旅遊手環Toledo Tourist Wristband
使用托雷多旅遊手環，可參觀聖胡安皇家修道院、白色的聖母瑪麗亞教堂以及聖多美教堂等7個具代表性的古蹟景點，詳情可上網站查詢。
Ⓢ €12
🔗 toledomonumental.com

隨上隨下觀光巴士 Bus Turístico Toledo
只要持有有效的車票，24或48小時內可不限次數搭乘雙層巴士，沿途停靠10站，並提供12種語言的語音導覽。共有4種套票可以選擇：Iconic、Value、Supreme、Ultimate，票價分別為€20、€27、€27、€37。
🕙 10:00~21:00
🔗 city-sightseeing.com/en/28/toledo

Highlights：在托雷多，你可以去～

DiD YOU KnoW

遊客必拍的「塞萬提斯」雕像！

世界名作《唐吉軻德》故事的發生地位於托雷多附近區域，所以整個小城充滿了唐吉軻德相關產品，索科多佛廣場上的《唐吉軻德》作者塞萬提斯雕像自然是遊客必拍的熱門景點！

©flickr Tim Adams

同場加映：離開馬德里的周邊小旅行

如今廣場四周環繞著露天咖啡座和餐廳，是當地人約會見面的地點。

① 索科多佛廣場
Plaza de Zocodover
索科多佛廣場的名稱源自於阿拉伯文，意思是「馱獸市集」，因為過去在摩爾人統治下，這裡是一座牲畜市場。托雷多人過去在這舉辦鬥牛比賽、節慶活動，甚至執行火刑；1465~1960年間，它一直是調二市集的所在地，不過該市集目前已移往他處。
🚌 可從火車站或巴士站搭乘5號巴士前往

©flickr Nic McPhee

中庭迴廊立面裝飾著美麗的雕刻，內部木頭天棚則採用穆德哈爾式風格，做工相當精細。

美術館最有看頭的是一系列埃爾·葛雷科的畫作，包括《聖母升天圖》(La Asunción)。

② 聖十字美術館
Museo de Santa Cruz

前身為16世紀初伊莎貝爾女王替孤兒設立的醫院，被改設為美術館後，藝術區中收藏大量的中世紀雕刻與繪畫；裝飾藝術區則展示了陶器、瓷磚、織物、鐵器和金銀手工藝品，有時也被作為臨時展覽廳使用。

🔺P.87 🚶從索科多佛廣場步行約1分鐘 🏠Calle Miguel de Cervantes 3 ☎221-402 🕐週一至週六10:00~18:00，週日和假日09:00~15:00 ❌1/1、1/6、1/23、5/1、12/24~25、31 💲全票€4、優待票€2 🌐cultura.castillalamancha.es/museos/nuestros-museos/museo-de-santa-cruz ❗部分展間進行整修，暫時免費開放

美術館室內空間主要區分為三大部分：藝術區、考古區和裝飾藝術區。

同場加映：離開馬德里的周邊小旅行

之前中古世紀的城堡幾乎已摧毀殆盡，只有東側的正面和南側的入口附近的地底，看得到早期的地基和殘骸。

1、2樓的房間裡展示各式軍服、軍用品、槍枝和大砲等。

③ 阿卡乍堡
Alcázar

阿卡乍堡盤踞於托雷多的最高點，最初可能是羅馬人所興建的碉堡，之後隨著統治者更迭，城堡的角色也不斷轉變，但都扮演著重要的防禦要塞之職。佛朗哥政權奪回城堡後，將它重新翻修成軍事博物館。

🔺P.87 🚶從索科多佛廣場步行前往約2分鐘 🏠Calle Unión s/n ☎238-800 🕐10:00~16:30 ❌週一、1/1、1/6、5/1、12/24~25、12/31 💲全票€5、優待票€2.5 🌐ejercito.defensa.gob.es ⚡週三、3/29、4/18、5/18、10/12、12/6免費，部分展間進行整修，暫時免費開放

地下室也佈置成當年戰爭期間供軍隊使用的病房和寢室。

昔日的阿卡乍堡是卡洛斯五世建來作為皇家的居所。

聖器室掛滿了出自埃爾‧葛瑞科、提香、哥雅等藝術大師的作品。

‧埃爾‧葛瑞科(El Greco)的《脫掉基督的外衣》(El Expolio)

‧哥雅(Francisco Goya)的《基督的逮捕》(El prendimiento de Cristo)

‧提香(Titian)的《保祿三世》畫像(Paulo III)

同場加映：離開馬德里的周邊小旅行

Did YOU KnoW

俏皮的暱稱
「有錢的托雷多人」

托雷多大教堂由於內部精緻華美且收藏許多大師名作，其輝煌雕琢讓人為之驚嘆，所以也被暱稱為「有錢的托雷多人」(Dives Toletana)！

托雷多大教堂名列西班牙三大教堂之一，其悠久的歷史、雄偉的建築，及巧奪天工的雕刻，讓這座教堂因而享有崇高的聲譽。

④ 大教堂
Catedral Primada Toledo

托雷多大教堂為哥德式，但內部裝飾卻呈現穆德哈爾式風格。隨著時代的添加與改建，教堂原本的面貌逐漸消失，融合後的整體展現出相當高的藝術價值：西班牙式文藝復興風格的禮拜堂、邱里格拉式(西班牙巴洛克式)的大型聖壇(El Transparente)⋯多樣且繁複的設計彌補了教堂內光線不足的缺憾。

P.87　從索科多佛廣場步行約5分鐘　Calle Cardenal Cisneros 1　222-241　10:00~18:00(週日和假日14:00起)　1/1、12/25　全票€12、優待票€8　www.catedralprimada.es　教堂內部禁止拍照

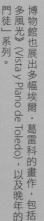

博物館也展出多幅埃爾·葛雷科的畫作，包括《托雷多風光》(Vista y Plano de Toledo)，以及晚年的「十二門徒」系列。

同場加映：離開馬德里的周邊小旅行

Did YoU KnoW

位於猶太區的修道院 別具意義！

天主教雙王費南度和伊莎貝爾驅逐了摩爾人在伊比利半島的勢力，成功讓伊比利半島重歸天主教的王權，成為日後西班牙王國統一的基礎。因此當時選擇將修道院建築在托雷多的猶太區中，隱含打壓天主教以外的異教徒的意義。

教堂內的迴廊是Enrique Egas的傑作，朝中庭開放的四道走廊，裝飾著大型的火焰式格狀窗。

⑤ 埃爾·葛雷科博物館
Museo Del Greco
Vega Inclán侯爵於1906年時買下了埃爾·葛雷科昔日故居(Casa-Museo Del Greco)附近的廢墟，加以整修，並搭配這位畫家在世時的家具，也恢復了他當時的畫室模樣，經過多次修修整整，規模擴大許多，變成內容豐富的博物館。
🅟P.87 🚶從索科多佛廣場步行前往約12分鐘 🏠Paseo del Tránsito s/n ☎990-982 ⏰週二至週六09:30~18:00，週日及假日10:00~15:00 ⊗週一、1/1、1/6、5/1、12/24~25、12/31 💲全票€3，優待票€1.5 🌐www.cultura.gob.es ✸週六14:00後及週日、4/18、5/18、10/12、12/6免費

埃爾·葛雷科(El Greco)

埃爾·葛雷科的名稱原意為「希臘人」，這位出生於希臘克里特島的畫家，1577年時來到托雷多，為一座修道院繪製主祭壇，從此和托雷多有了不解之緣，更終老於此，所以他被譽為「托雷多之光」。

⑥ 聖胡安皇家修道院
Monasterio de San Juan de los Reyes
這座融合哥德式與穆德哈爾式風格的修道院出自Juan Güas的設計，成為托雷多最漂亮，同時也是西班牙火焰哥德式建築的最佳範例之一。它的迴廊有色彩繽紛的天棚，裝飾著符號、徽章以及天主教雙王的縮寫，而修道院外牆上懸掛著手銬與腳鍊，是天主教君王與回教政權交戰時，從重獲自由的天主教徒身上解除的束縛。
🅟P.87 🚶從索科多佛廣場步行約20分鐘 🏠Calle de los Reyes Católicos 17 ☎223-802 ⏰10月16日~2月週一至週日10:00~17:45，3月~10月15日至10:00~18:45 ⊗1/1、12/25 💲€4，或購買托雷多旅遊手環，詳見P.087 🌐www.sanjuandelosreyes.org

⑦ 白色的聖母瑪麗亞教堂
Sinagoga Sta. Maria La Blanca

白色的聖母瑪麗亞教堂原址本是一座猶太教堂，14世紀的西班牙曾經屠殺猶太人，猶太教堂也被破壞殆盡，紛紛改建為天主教堂。

1405年重建的白色的聖母瑪麗亞教堂，是托雷多穆德哈式建築的代表作，宛若哥多華清真寺的翻版；但規模不大，氣勢袖珍許多。

🔗P.87 🚶從索科多佛廣場步行約17分鐘 🏠Reyes Católicos 4 ☎227-257 🕐10月中~2月10:00~17:45，3~10月中至18:45，12/24、31至13:00 🚫1/1、12/25 💰€4，或購買托雷多旅遊手環，詳見P.087 🌐toledomonumental.com

點綴著希伯來銘文、伊斯蘭裝飾植物圖案及卡斯提亞徽章的主祭壇，上層還有馬蹄拱窗，讓人眼花撩亂。

24根整齊羅列的八角形雕飾石柱與馬蹄形拱門，如縮小版的哥多華清真寺。

這教堂是伊比利猶太人藝術的範例之一，也擁有全托雷多最出色的穆德哈爾式鑲頂棚。

🔊 歐洲最長的市區溜索Fly Toledo

Fly Toledo的溜索橫跨Tagus河，全長180公尺，是歐洲最長的市區溜索。從高空俯視托雷多舊城區以及聖馬丁橋(Puente de San Martín)會是個難忘的經驗！

🚶從聖胡安皇家修道院步行約3~5分鐘 🏠Puente de San Martín 2 ☎+34 647 65 74 43 🕐11:00~20:00(10月下旬~3月下旬至17:45) 💰€12，拍照另加€3 🌐www.flytoledo.com

⑧ 聖母升天教堂
Sinagoga del Tránsito(Museo Sefardí)

這棟建於1357年的猶太教禮拜堂，屬穆德哈爾式風格，現為塞法爾迪博物館(Museo Sefardí)，「塞法爾迪」意指住在西班牙的猶太人。禮拜堂內共區分為5個展覽室，展示塞法爾迪的歷史、宗教、服裝與習俗。

🔗P.87 🚶從索科多佛廣場步行約12分鐘

Calle Samuel Leví s/n ☎223-665 🕐週二至週六09:30~20:00(10~3月至18:00)，週日假日10:00~15:00 🚫週一、1/1、1/6、5/1、12/24~25、31 💰全票€3，優待票€1.5 🌐www.cultura.gob.es/mselardi ⚙週六14:00以後及週日免費

Highlights：在托雷多，你可以去～

⑨ 聖多美教堂
Iglesia de Santo Tomé

這座興建於14世紀的教堂，擁有典型的穆德哈爾式六角形高塔，它之所以聞名，是因為收藏了埃爾‧葛雷科最著名的畫作——《奧格斯伯爵的葬禮》(El Entierro del Conde de Orgaz)，這幅大作上層屬於葛雷科式的西班牙畫風，下層則採用義大利畫派畫法。

⌖P.87　🚶從索科多佛廣場步行約10分鐘　🏠Plaza del Conde 4　☎256-098　🕐10:00~18:45，10月中~2月至17:45，12/24、31至13:00　休1/1、12/25　💲€4，或購買托雷多旅遊手環，詳見P.087　🌐santotome.org

⌖P.87　詳見P.087

同場加映：離開馬德里的周邊小旅行

1. 天國之鑰
聖彼得拿出天國之鑰預備打開天堂之門。

2. 聖母
聖母慈祥的伸手迎接天使帶來的伯爵靈魂。

3. 基督
基督一面聆聽施洗者約翰的陳述，一邊用手指示聖彼得打開天國之門，迎接伯爵的靈魂。

4. 伯爵的靈魂
伯爵的靈魂宛若一個不具形體的嬰兒般，被天使小心的捧著。

5. 施洗者約翰
施洗者約翰正口若懸河的向基督說明奧格斯伯爵的義行善舉。

6. 國王菲利浦二世
當北歐反宗教運動開始時，菲利浦二世就是天主教世界義不容辭的領軍者，埃爾‧葛雷科將他畫入右上角的聖徒群中，表示對他的肯定。

7. 小葛雷科
他是埃爾‧葛雷科的兒子，出生於1578年。埃爾‧葛雷科將他的名字落款於小男孩口袋外露的首帕上。

8. 聖徒史蒂芬
埃爾‧葛雷科請來聖徒史蒂芬為伯爵送葬，以顯示對伯爵的敬意。我們可以從祂聖袍上繪製的故事得知他的身分，因為聖史蒂芬是被暴民以亂石打死的。

9. 畫家
分隔天國與人間的是一排前來送葬的人物，他們各個表情生動，埃爾‧葛雷科也將自己安排其中。

10. 伯爵
伯爵由於曾經資助聖多美教堂的重建，因而得以下葬於此。他身上的盔甲是托雷多的特產，埃爾‧葛雷科替伯爵穿上盔甲，象徵他對鄉里的熱愛，也希望他的後世子孫能夠記取這點。

11. 塞萬提斯
埃爾‧葛雷科很崇拜《唐吉訶德》的作者塞萬提斯，所以將他畫入送葬的行列中。

12. 聖多美教堂牧師
這位就是贏得官司的牧師，他的眼神望向天國，在人間強調施洗者聖約翰所言不假。

繪製這幅畫的時間是在伯爵過世後250年，並不是真實的葬禮場景，然而虛擬情節在層次分明的作畫技巧下，卻增加了可看性。

從馬德里出發只要2小時，玩好玩滿一天足矣！

當天來回的行程

／ 推薦2 ／

距離馬德里
約109公里
車程
1.5~2小時

MAP P.85

阿維拉
Ávila

如何前往

◎火車

從馬德里的查馬丁火車站搭乘中程火車MD前往阿維拉，車程約1.5小時，火車約每小時1~2班。從阿維拉火車站步行前往舊城大約需20分鐘。

·西班牙國鐵

🌐www.renfe.com

阿維拉

◎長途巴士

從馬德里的南巴士站(Estación del Sur)搭乘Avanza或Jimenez Dorado巴士公司的車前往阿維拉，車程約80~100分鐘，平日每天約8~12班車，週末和假日則約4~6班車。從塞哥維亞亦有長途巴士往返，車程約1小時。

·Avanza巴士

🌐www.avanzabus.com

·Jimenez Dorado巴士

🌐www.jimenezdorado.com

info

◎阿維拉旅遊服務中心Centro de Recepción de Visitantes

🏠Avda. de Madrid 39

☎350-000

🕐夏季09:00~20:00，冬季09:00~18:00

🌐www.avilaturismo.com

　阿維拉是興建於一座岩山頂端平台上的舊城，四周圍繞著厚實的城牆，使它贏得「石頭城」的封號，城牆保存得相當完整，也因為維持著濃厚的中世紀氣氛，阿維拉在1985年時被列為世界遺產。另外，這裡也是「赤足加爾默羅會」(Orden de Carmelitas Descalzos)創辦人大德蘭修女(Santa Teresa de Jesús)的故鄉，因此阿維拉又稱為「聖徒城」。

同場加映：離開馬德里的周邊小旅行

1 大教堂
Catedral de Ávila

大教堂因跨世紀的風格轉換而融合了羅馬式與哥德式。它早期的羅馬式結構，是位於東面的半圓形壁龕——教堂之塔(Cimorro)，為城牆的一部分；教堂內部的中央祭壇附近以紅、白兩色斑岩與建的柱子，和整座教堂純白色的哥德式結構形成對比，是教堂中最古老的部分之一。

🔺P.93 🚶從卡乍門步行約5分鐘 🏠Plaza de la Catedral 8 ☎952-984 ⏰大教堂平日10:00~20:00，週六10:00~20:30，週日12:30~19:30；鐘樓週六12:00、13:00、18:00，週日13:00、17:00 💲全票€8、優待票€5.5~7，鐘樓另外加€3 🌐catedralavila.es ✿週二與週三08:30~09:30(例假日除外)可免費參觀教堂

2 小市集廣場
Plaza Mercado Chico

小市集廣場因為位於中央的雙塔建築為市政廳，所以也被稱為市政廳廣場(Plaza Ayuntamiento)。廣場本身和附近的巷道裡林立著多家餐廳與小酒館，以及出售當地特產蛋黃甜點(las Yemas)的商店。這裡每週五也會舉辦農產和日常生活用品市集。

🔺P.93 🚶阿卡乍門步行前往約5分鐘

這座教堂是阿維拉同類建築中的典範以及最重要的羅馬式建築。

這種甜點以蛋黃加入砂糖做成，外觀圓圓小小的，在當地的商店櫥窗中經常可看到，不過味道相當甜膩。

位於西南側的柱廊由一根根細長的柱子撐起一道道馬蹄狀的圓拱，相當優雅。

🔊 **必買伴手禮——蛋黃糖**
(Yemas de Santa Teresa)

西班牙人心中唯有聖德蕾莎廣場旁的La Flor de Castilla賣的才是真正只用蛋黃與砂糖作的蛋黃糖！其他店鋪賣的蛋黃甜點多半有添加香精，不是那麼正統。

3 聖維森特大教堂
Basílica de San Vicente

與聖維森特城門對望的聖維森特大教堂，是當地最早出現的教堂，據說是4世紀時聖徒維森特和他的姊妹Sabina與Christeta殉教的地方。教堂內有著聖維森特等人的衣冠塚，石棺上的浮雕敘述他們3人昔日遭受羅馬人嚴刑拷打的故事。

🔺P.93 🚶從阿卡乍門步行約5分鐘 🏠Calle de San Vicente 4 ☎255-230 ⏰週一至週六10:00~13:30、16:00~18:30，週日16:00~18:00 💲全票€3、優待票€2.2 🌐basilicasanvicente.es

遊客可以登上城牆參觀，沿途可以欣賞阿維拉的城市景觀，以及附近起伏的地勢。

同場加映：離開馬德里的周邊小旅行

④ 城牆 Las Murallas

11世紀末，阿方索六世的女婿從伊斯蘭教徒手中奪回這座城牆後，將昔日古羅馬人與回教徒遺留下來的防禦建築改建成這今日的城牆，不但是西班牙最佳的羅馬式軍事建築範例，也是歐洲保存得最完善的中世紀建築。

△P.93 ⊘火車站步行約20分鐘，巴士站步行約10分鐘
⊙參觀城牆有兩處入口，一處位於阿卡乍門（Puerta del Alcázar），另一處則是大教堂旁的Casa de las Carnicerías ☎354-000 ⊙3月底~10月底 10:00~20:00(7、8月至21:00)、10月底~3月底 10:00~18:00 休10月底~3月底週一、1/1、12/24~25、12/31 ⑤全票€5、優待票€3.5 ⊕muralladeavila. com ⊛週二14:00-16:00免費參觀

⑤ 大德蘭女修院 Convento de Santa Teresa

大德蘭女修院興建於她的出生地，昔日建築大部分都已經改建成這座17世紀的巴洛克式修道院。教堂後方有一座博物館，展示著與大德蘭修女生平有關的物品，包括她生前使用的玫瑰念珠，以及一節她的手指骨。

△P.93 ⊘從阿卡乍門步行約8分鐘 ⊙Plaza de La Santa 2 ☎211-030 ⊙4~10月10:00~14:00、16:00~19:00、11~3月10:00~13:30、15:30~17:30 休週一 ⑤全票€3 ⊕www.teresadejesus.com

大德蘭博物館（Museo Teresiano）內，收藏著昔日大德蘭睡覺時用來當枕頭的木棒。

Did You Know

利劍穿心的神蹟傳說！

大德蘭修女曾於自傳中敘述天使將利劍刺穿她的心臟，使她靈魂感受到神給予的狂喜，據說醫生解剖大德蘭修女的遺體時果真發現她的心臟有一道深長的傷痕，印證了她自述的神蹟！

⑥ 聖荷西修道院 Convento de San José

這是大德蘭修女於1562年時創立的第一家修道院，和阿維拉其他修道院不同的是，它由許多房子共同建構而成，1608年以Francisco de Mora的藍圖重建，成為其他加爾默羅教堂的範本——以三條走道與一座主殿勾勒主要結構。修道院內一座被稱為惡魔階梯的地方，是大德蘭1577年聖誕節摔斷左手臂的地方。

△P.93 ⊘從阿卡乍門步行約8分鐘 ⊙Calle las Madres 2 ☎222-127 ⊙10:00~13:30、16:00~19:00 ⑤€1.4 ⊕www.sanjosedeavila.es

去一趟車程才2小時，
一日遊或二日遊都很剛好

\ 推薦3 /

距離馬德里
約95公里

車程
2小時

MAP P.85 塞哥維亞
Segovia

如何前往

◎火車

從馬德里的阿托查火車站搭乘地區火車，每天08:30~19:00之間大約每2小時有一班車前往塞哥維亞，車程約2小時；亦可從查馬丁火車站

搭乘高速火車AVE、AVANT或長程特快列車ALVIA等前往，火車班次非常頻繁，平均每40分鐘至2.5小時有一班車，車程約30分鐘。

塞哥維亞有兩個火車站，如果從馬德里的阿托查火車站搭乘地區火車，會抵達距離塞哥維亞市中心比較近的舊火車站，該火車站位於市中心西南方約2公里處，可以搭乘6或8號巴士前往水道橋或主廣場(Plaza Mayor)。

如果從查馬丁火車站出發，會抵達距離塞哥維亞市中心西南方約5公里處的AVE火車站，由此可搭乘7號巴士前往水道橋，車程約20分鐘。

·西班牙國鐵

🌐www.renfe.com

◎長途巴士

長途巴士總站位於水道橋的西方，步行至水道橋約6分鐘。從馬德里的Moncloa巴士站搭乘Avanza巴士公司的車前往塞哥維亞，車程約75~90分鐘，平日每天約15~30分鐘一班車，週末和假日則約30~60分鐘一班。

·Avanza巴士

🌐www.avanzabus.com

遊客卡Amigos de Segovia
Amigos de Segovia組合多樣化，可享有塞哥維亞的飯店、餐廳、商店、博物館等優惠價格或門票，詳情可上網站查詢。
💲€3
🌐tarjetaturisticasegovia.com

info

◎塞哥維亞遊客服務中心Patronato Provincial de Turismo de Segovia
📍Plaza del Azoguejo 1　☎466-720
🕙10:00~14:00、16:00~19:00(週六中午不休息)，週日10:00~15:00
🌐www.turismodesegovia.com

◎塞哥維亞城牆旅客服務中心 Punto de información turística La Muralla
📍Plaza del Socorro 2-3　☎461-297
🕙10:00~14:00　🚫1/1、1/6、12/25
🌐turismodesegovia.com/es/muralla

　　塞哥維亞的名稱源自伊比利半島的凱爾特人，一開始叫Segobriga，意為「勝利之城」。而它優越的戰略位置，是它自中古世紀以來備受君王青睞的主因，因此城內處處可見昔日的皇宮建築，以及可遠溯自羅馬時代的古老城牆和水道橋(Acueducto Romano)。這座環繞兩條河流的古老城市，彷彿聳立於岩壁上，由河谷處遙望舊城，有種穿越歷史回到中古世紀的感受，散發著昔日小城鎮的迷人風采。

① 阿卡乍堡
Alcázar de Segovia
遠在羅馬時期，阿卡乍堡就是一處要塞，隨著13~14世紀時擴增，逐漸有了現今城堡的樣貌，它見證了卡斯提亞王國的諸多歷史，包括成為伊莎貝爾女王的皇宮、1570年時菲利浦二世在這舉行過婚禮；16~18世紀時，城堡內有部分被改成監獄。

⚓P.96A1 🚶從主廣場步行約12分鐘 🏠Plaza de la Reina Victoria Eugenia s/n ☎460-759 ⏰4~10月10:00~20:00，11~3月10:00~18:00 休1/1、1/6、6/14、12/25 💲宮殿€7、全區€10，語音導覽租借€3.5，線上購票另有優惠 🌐www.alcazardesegovia.com

它細細的高塔與灰色的尖頂，令人印象深刻。

城堡內有不少地方值得欣賞，像是美麗的天花板、穆德哈爾式的寶座廳等。

登上城樓還可盡覽舊城景觀以及周遭的平原景色。

Did YOU KnoW

迪斯尼城堡的原型～

遠處看著阿卡乍堡有沒有覺得很熟悉？因為它就是迪斯尼動畫《白雪公主》和《睡美人》裡的城堡原型！

盤據著主廣場的一角，這座體積龐大的教堂，在所有想像得到的地方都聳立著一座座的小尖塔和飛扶壁，令人眼花撩亂。

繁複的裝飾產生的層層布局，讓人聯想起貴婦華麗的蓬裙，使得大教堂贏得「大教堂貴婦」的美譽。

大教堂裡也有不少的彩繪玻璃值得一看。

② 大教堂
Catedral de Segovia
塞哥維亞大教堂原本位於阿卡乍堡，曾毀於戰火電擊，1525年時卡洛斯五世下令在此重建，卻耗費了兩個世紀才落成，也成為西班牙境內最「新」的哥德式建築。比起宏偉外觀，教堂內部顯得平淡，綠色大理石打造的唱詩班席，占據大部分空間。面對15世紀由舊大教堂搬來的迴廊的寶物室，是一間展出各種宗教藝術品的博物館。

⚓P.96A1 🚶在主廣場旁 🏠Plaza Mayor s/n ☎462-205 ⏰09:30~21:30(週日13:30起、11~3月至18:30) 💲全票€4、優惠票€3，含塔樓導覽全票€10，夜訪塔樓€10 🌐catedralsegovia.es ✨週日09:00~10:00教堂免費入場(展覽廳不開放參觀)

同場加映：離開馬德里的周邊小旅行

3 羅馬水道橋 Acueducto Romano

這座壯觀的古羅馬水道橋是西班牙境內最大規模的古羅馬遺跡之一，全長將近800公尺。儘管塞哥維亞周邊圍繞著兩條河，然而高起的地勢使得取水不易，於是羅馬人將15公里外山上的Acebeda河水，藉由水道橋引進市區，直抵西邊的阿卡乍堡。

⊕ P.96B1 ⊘從主廣場步行約12分鐘，或搭乘巴士8、11號 ⊕ Plaza de Azoguejo

水道橋的最高點位於阿佐奎荷廣場(Plaza del Azoguejo)，聳立於廣場上方30公尺處，這裡也是欣賞它的最佳角度之一。

水道橋沒有採用水泥或任何一根釘子接著，完全運用羅馬人的智慧與當時的技術打造而成，堪稱人類最偉大的工程之一。

有此一說～

水道橋也被稱為惡魔之橋 (Puente de Diablo)？！

有個女孩不想每天爬山涉水幫家裡取水，於是與惡魔做了交易，讓惡魔找出容易取水的方法。女孩晚上發現是惡魔在建造水道橋時，心中愧疚，急忙向上帝禱告以破壞牠的計劃，結果惡魔沒來得及放上最後一塊石頭，天就亮了，水道橋因此留下了一個洞，該洞如今供著聖母像(Virgin of Fuencisia)。

海鮮燉飯、伊比利火腿以外的國民美食——烤乳豬！

這道西班牙國民美食的由來傳說是過去有位國王十分嗜吃烤乳豬，所以各地廚師為了討國王歡心，努力研發出最好吃的烤乳豬，這股烤乳豬風氣因此蔓延全國，引發民眾效法。

牆上還掛著蘇菲亞羅蘭、葛麗絲凱莉、卡萊葛倫等國際巨星光臨時的照片。

4 康迪多餐廳 Mesón de Cándido

康迪多餐廳創立於1898年的百年老店，稱得上是塞哥維亞最受歡迎的餐廳。其招牌菜便是烤乳豬(Cochinillo Asado)。此外，餐廳還提供配方從15世紀流傳至今卡斯提爾濃湯(Sopa Castellana)、燉羊肉等美食。

⊕ P.96B1 ⊘羅馬水道橋旁，巴士9號可達 ⊕ Plaza del Azoguejo 5 ☎425-911 ⊘13:00~16:30、20:00~22:30 Ⓢ單點烤乳豬1人份€30 ⊕ mesondecandido.es

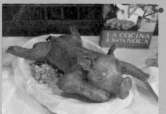

烤乳豬選用3~4公斤的小豬，以大蒜和丁香等香料浸泡後再以藥草薰烤，上桌時必須達到皮脆肉嫩、能夠直接以盤子切開的程度。

去一趟車程約3小時，
留宿一晚時間更充裕

\ 推薦4 /
距離馬德里
約163公里
車程
3小時

絕對要喝上一口的當地優質水！
昆卡的水質優良廣為人知，西班牙餐館裡最常見的礦泉水品牌——皇家神藍 (Solán de Cabras) 的泉水就是標榜取自昆卡，水質甘甜清爽無雜味，來這玩別忘了喝一口當地的水感受看看！

◉ MAP P.85　**昆卡**
Cuenca

如何前往

◎火車

從馬德里的阿托查火車站可搭乘高速火車AVE和長程特快列車ALVIA前往昆卡，車程約55~70分鐘，一天約10班車；搭乘地區火車，車程約3小時。從瓦倫西亞出發，AVE車程約1小時，地區火車車程約4.5小時。

火車站位於新市區，可搭乘1號巴士前往主廣場，平均每半小時一班車。如果以步行方式前往，則約需30分鐘的時間。

·西班牙國鐵

🌐 www.renfe.com

◎長途巴士

巴士站同樣位於新市區，就在火車站旁。從馬德里的南巴士站(Estación del Sur)搭乘Avanza巴士公司的車前往昆卡，車程約2小時~2.5小時，每天有7~9班車。

·Avanza巴士

🌐 www.avanzabus.com

info

◎昆卡市政府遊服務中心
Oficina De Turismo
🏠 Calle Alfonso VIII 2
☎ 241-051
🕐 10:00~14:00、16:00~19:00(週日至18:00)
🌐 www.visitacuenca.es

昆卡位於胡卡河(Río Júcar)和威卡河(Río Huecar)兩河谷間的陡峭山脊上，於1996年時被列為世界遺產，其中以大教堂、懸壁屋(Casas Colgadas)以及鵝卵石街道最吸引遊客。昔日河谷沖刷而成的懸崖峭壁，更讓它擁有一種昔日軍事要塞的磅礴氣勢，在當地形成了特別景觀的懸壁屋。

同場加映：離開馬德里的周邊小旅行

昆卡

大教堂 Catedral
城牆 Las Murallas
Iglesia de San Miguel
主廣場Plaza Mayor
國營旅館 Parador
抽象美術館
Museo de Arte Abstracto
科學博物館Museo de las Ciencias
聖保羅橋 Puente de San Pablo
蒙嘉納塔 Torre Mangana
Iglesia Plaza de El Salvador
西班牙廣場 Plaza de España
C. de Calderón de la Barca
C. de la Princesa Zaida
C. de Ramón Gaja
胡卡河 Río Júcar
威卡河 Río Huecar
N
◎景點 ✚教堂 🅢廣場
🅗飯店 🏛博物館 ℹ遊客中心
往火車站和巴士站

Highlights：在昆卡，你可以去～

懸壁屋是20世紀西班牙本土藝術家聚集地，收集了Antonio Saura、Gerardo Rueda、Eduardo Chillida 和Pablo Serrano等人難解的抽象藝術作品。

突出於峭壁之外的木製陽台，更讓站在上方的人只能以驚心動魄來形容！

① 抽象美術館(懸壁屋)
Museo de Arte Abstracto (Casas Colgadas)

這些石屋依著斷崖絕壁的石灰岩山脊而建，形成彷彿懸掛於峭壁上的特殊景觀，而擁有「中世紀摩天樓」的稱號，15世紀時懸壁屋曾當作皇室夏宮使用。西班牙抽象藝術家Fernando Zóbel於1960年代創立了抽象美術館，如今則由Fundación Juan March管理。
⚐P.100 ⊘從主廣場步行約5分鐘 ⌂Casas Colgadas s/n ☎212-983 ◷10:00~14:00、16:00~18:00(週六至20:00，週日至14:30) ⊗週一、1/1、1/6、9/18~21、12/24~25、12/31 ⓢ免費 ⓦwww.march.es/es/cuenca

觀賞「懸壁屋」的最佳位置！

昆卡國營旅館對面的紅色鐵橋名為聖保羅之橋，在這裡可以看到懸壁屋是如何攀附在峭壁上，也是拍照的絕佳地點，但如果想好取景記得上午前來，才不會背光。

這座大教堂結構融合了哥德、文藝復興和巴洛克式元素，由於主建築物的正面擁有三扇門，使它看來相當奇特。

教堂內部為拉丁十字型，擁有一個多角形的半圓壁龕，拱廊是原始的諾曼第結構，顯然受到法國的影響。

教堂內裝飾著壯麗的15世紀鑄鐵。

② 大教堂
Catedral de Cuenca

大教堂全名為感恩聖母大教堂(Catedral de Nuestra Señora de Gracia)，它是南卡斯提亞相當特殊的中世紀建築，建於昔日的昆卡清真寺上。主祭壇出自Ventura Rodríguez的設計；寶藏室(Tesoro)內則展示拜占庭帝國的聖母像和聖骨匣、Alonso Berruguete雕刻的木門，以及兩幅埃爾·葛雷科的畫作。
⚐P.100 ⊘主廣場步行約1分鐘 ⌂Plaza Mayor s/n ☎224-626 ◷10:00~19:30(11~2月週日~週五至17:30、4~6月週日~週五至18:30) ⓢ教堂€5.5、寶藏室€4、全區€10.5 ⓦwww.catedralcuenca.es

©Catedral de Cuenca
©flickr Jocelyn Kinghorn

航向巴塞隆納的偉大航道

如何前往

飛機

目前從台灣出發並無航班直飛巴塞隆納，但是透過瑞航、德航、荷航、英航、土航、卡達、阿聯酋、新加坡等航空，都能輾轉抵達巴塞隆納。

巴塞隆納的普拉特國際機場(Aeropuerto de Barcelona El Prat)，位於市區西南方約16公里處，共擁有T1和T2兩個航廈，視航空公司不同停靠不同航廈。一般從亞洲起飛前往的航班多停靠於T1；T1和T2航廈之間相距略遠，有免費接駁巴士相通，平均不到10分鐘就有一班，車程約10~15分鐘，可多加利用。

普拉特國際機場
🌐www.barcelona-airport.com
西班牙機場與航行區域查詢
(Aeropuertos Españoles y Navegación Aérea)
🌐www.aena.es

火車

巴塞隆納有2個主要火車站，分別是位於西邊、猶太丘(Montjuïc)上方的聖哲火車站(Estació Sants)，以及位於東邊、靠近城堡公園(Parc de la Ciutadella)的法蘭莎火車站(Estació de França)。

◎聖哲火車站

聖哲火車站為巴塞隆納最大的火車站，往來於西班牙各地的高速火車、特快列車、甚至近郊火車全都停靠於此，可搭乘3號和5號地鐵或近郊火車前往加泰隆尼亞廣場。

◎法蘭莎火車站

位於市中心的法蘭莎火車站則是來自巴黎、米蘭等國際列車的終點站，由此可轉搭地鐵4號線，或搭乘近郊火車前往加泰隆尼亞廣場、聖哲火車站。

詳細火車時刻表及票價可上西班牙國鐵網站或至火車站查詢，購票及火車通行證資訊請見P.17。

西班牙國鐵網站
🌐www.renfe.com
歐洲國鐵網站
🌐www.raileurope.com

長途巴士

巴塞隆納有兩處巴士中繼站，其中位於聖哲火車站旁的聖哲巴士總站(Estació d'Autobusos de Sants)，是往返安道爾、法國、義大利與葡萄牙等國際巴士的停靠站，最近的地鐵站是Sants Estació，可搭乘3、5號線前往巴塞隆納各地，或就近搭乘近郊火車。

至於位於哥德區以東的北巴士總站(Estació d'Autobusos Barcelona Nord)，是巴塞隆納最大的巴士中繼站，部分來自法國和安道爾的巴士也會停靠在此，而幾乎從巴塞隆納前往西班牙境內

各地的巴士都是停靠於此，從這裡可步行前往附近的1號線地鐵站Arc de Triomf。

北巴士總站
☎ 937-065366
🌐 barcelonanord.barcelona
主要巴士公司
Euroline：www.euroline.es
Flixbus：www.flixbus.es
Alsa：www.alsa.es
Sagales：www.sagales.com

機場至市區交通

近郊火車Cercanías

　　搭乘巴塞隆納近郊火車Line R2 North可前往市區的聖哲火車站(Estació Sants)或感恩大道(Passeig de Gràcia)站。普拉特機場的火車站位於T2的A區與B區之間，走過天橋即可抵達火車站。火車約每半小時一班，前往聖哲火車站約20分鐘，抵達感恩大道站需約27分鐘。之後可就近轉搭地鐵前往目的地。
⊙ 05:42~23:38，約每30分鐘一次
💲 單程€4.9
🌐 www.renfe.com、rodalies.gencat.cat

地鐵Metro

　　於2016年開通的地鐵L9 Sud線是從機場前往市區的新選擇，從T1、T2出發，可於Torrassa站轉乘L1、Collblanc 站轉乘L3、Zona Universitària站轉乘L5。

巴塞隆納大都會交通公司(TMB)
⊙ 週一至週四及週日05:00~00:00(週五至02:00)，週六24小時。約每7分鐘一班次，抵達終點Zona Universitària需約30分鐘
💲 單程€5.5
🌐 www.tmb.cat

機場巴士Aerobús

　　從普拉特機場前往巴塞隆納市區，最方便的方式是搭乘機場巴士。巴士往來機場和市中心的加泰隆尼亞廣場(Plaza de Catalunya)之間，分第一航廈(T1)和第二航廈(T2)兩條路線，沿途會經過Plaza Espanya、Gran Via-Urgell和Plaza Universitat；回程則同樣從加泰隆尼亞廣場發車，經Sepúlveda-Urgell和Plaza Espanya兩站後抵達機場。
　　詳細時刻表、搭車地點與地圖，可上網查詢。
⊙ 機場巴士24小時運行，每5~20分鐘一班次，車程約35分鐘
💲 單程€7.25、來回€12.5(可於巴士站、售票機、官網、或是直接上車購票)
🌐 aerobusbarcelona.es

計程車Taxi

　　巴塞隆納的計程車採跳表計費方式，平日、假日和夜間的最低收費均不同，從機場前往市中心大約需要20~30分鐘的時間，費用約€30~40。除車資外還需另外支付€4.5的機場接送費。由於當地計程車品質參差不齊，建議一定要在機場的計程車招呼站叫車。
🌐 taxi.amb.cat

巴塞隆納行前教育懶人包

INFO
基本資訊

人口：1,660,122人
面積：101.35平方公里
區碼：(0)93

行程建議

這座城市散發出來的光輝，迥異於其他西班牙城市，尋訪高第的建築自然是參觀巴塞隆納的重頭戲，而哥德區的古建築、熱鬧的蘭布拉大道、甚至停滿遊艇的海港，都有它迷人的魅力。

在哥德區，探索老城與海港

以大教堂高高的尖塔為地標，就不怕在錯綜複雜的石板街道中迷路，畢卡索美術館則是不可錯過的參觀點。而蘭布拉大道肯定能消磨一下午時間，從聖荷西市場到貝爾港，總是充滿逛街人潮。

深入高第的異想世界

從聖家堂開始，認識這位巴塞隆納的驕傲。接著前往精品林立的感恩大道，猶如童話般色彩繽紛的巴特婁之家、莫雷拉之家、阿瑪特勒之家並肩而立，形成無與倫比的「不協調街區」。

周邊小旅行

若還有時間，除了距離巴塞隆納大約2小時車程的達利劇院美術館，想看看大自然與人文景觀相互融合的人，蒙瑟瑞特山與瑪麗亞修道院或波布列特修道院，都是不錯的選擇。

優惠票券

巴塞隆納卡Barcelona Card

這張可在巴塞隆納多處博物館與景點、餐廳、商店以及機場巴士享有折扣，還可在期限內無限次搭乘地鐵、巴士、電車等大眾交通工具。可以在遊客中心或官網上購買。

💲3日全票€55、優待票€32；4日全票€65、優待票€42；5日全票€77、優待票€47。網路購票另享折扣
🌐www.barcelonacard.com

觀光行程

巴塞隆納觀光巴士
Barcelona Bus Turístic

巴塞隆納的雙層觀光巴士，分駛紅、藍2條路線，囊括感恩大道、聖家堂、奎爾公園、西班牙廣場、貝爾港等重要景點，把巴塞隆納走透透。旅客可以在車票效期內隨時在各站上下車，車上並提供多種語言的耳機沿途解說。

🕐冬季09:00~19:00(夏季至20:00)，平均5~25分鐘一班次
💲1日券全票33、優待票€16~25；2日券全票€44、優待票€21~35。網上購票另有優惠
🌐www.barcelonabusturistic.cat/en/home

旅遊諮詢

加泰隆尼亞廣場遊客中心
📍P.109D2
🏠Plaça de Catalunya 17-S
☎285-3834　🕐08:30~20:30
🌐www.barcelonaturisme.com

大教堂遊客中心
📍P.109D2
🏠Pla de la Seu s/n
🕐09:00~17:30(週一至16:00)
🚫週日

哥倫布紀念柱遊客中心
📍P.109D3
🏠Plaça del Portal de la Pau
🕐08:30~14:30(週二~週六至19:30)

機場遊客中心
🏠T1和T2
🕐08:00~20:30(T1週末與T2週日08:30起)

巴塞隆納市區交通

巴塞隆納大都會交通公司(TMB)發行的票券可通用於地鐵、巴士、電車及纜車，轉乘之間也不須另外加費用，一般遊客的主要活動範圍Zone 1，除購買單程票(Bitllet senzill)之外，也可選擇10趟的回數票(T-10)，可多人同時使用；亦可購買1日券(T-Dia)，可在1天之中任意搭乘各種大眾交通工具。

巴塞隆納大都會交通公司(TMB)
⑤成人單程€2.55、10趟回數票(T-10)€12.15、1日券(T-Dia)€11.2
ⓦwww.tmb.cat

優惠票券
歐啦！巴塞隆納Hola BCN

如果在巴塞隆納停留超過2天，且每天頻繁使用交通工具，不妨購買專為遊客設計的交通周遊券「歐啦！巴塞隆納」(Hola BCN)，分為2~5天4種，票價隨天數不同，可在限定的範圍和時間內無限次搭乘上述所有交通工具以及近郊鐵路。
⑤2日券€17.5、3日券€25.5、4日券€33.3、5日券€40.8。網路購票另有優惠
ⓦwww.tmb.cat/en/barcelona-fares-metro-bus

地鐵Metro

快速、標示清楚的巴塞隆納地鐵，是往來城市間最方便的大眾交通工具，地鐵以數字和顏色畫分，市區總共有8條線，其中L6、L7和L8是往來郊區的通勤路線。

遊客必用地鐵站
◎往來於感恩大道的Passeig de Gràcia站
◎加泰隆尼亞廣場的Catalunya站
◎蘭布拉大道上Liceu站
遊客常用地鐵線
◎前往聖家堂的2號線
◎前往奧運選手村的4號線
◐週一至週四、週日和假日為05:00~00:00，週五和假日前一天為05:00~02:00，週六24小時不間斷服務，重要節日時間請見官網

市區巴士City Bus

對於一般遊客來說，由於不熟悉當地路名，在搞不清楚路線的情況下，搭乘巴士的機會並不高。巴塞隆納的市區巴士營運時間大多介於05:00~23:00之間，其他時段則必須搭乘夜間公車。你可以直接使用事先購買的票券，插入司機旁的剪票機生效，或是準備好零錢，直接向司機購買。

計程車Taxi

在巴塞隆納想搭乘計程車，除招呼站外也可在路旁招車，起跳價格為€2.55，之後每公里加€1.23(夜間1.51)。另外起迄點為機場者，則另需支付€4.5歐元。
ⓦtaxi.amb.cat

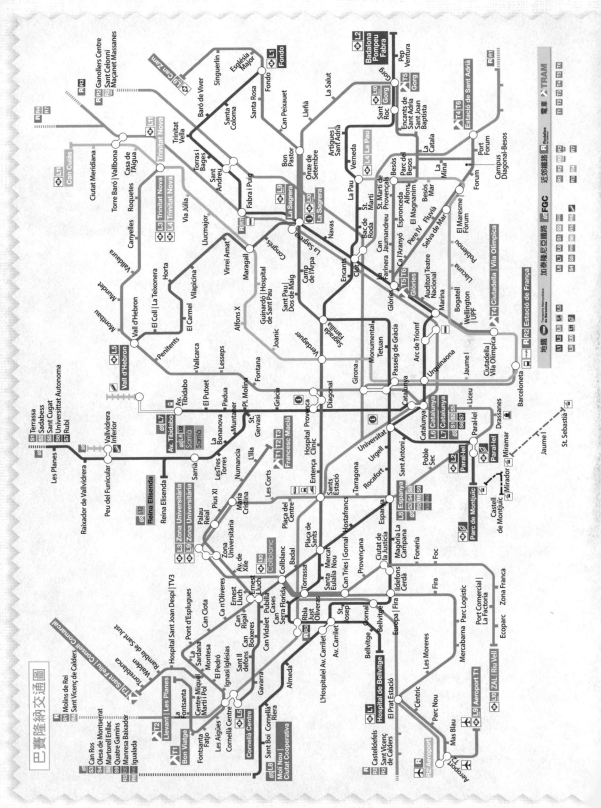

全世界最奇特的建築藝術作品在這裡！

巴塞隆納
Barcelona

達利美術館
Teatro-Museo Dali　Portlligat
蒙瑟瑞特山　　　　Púbol
Montserrat
波布列修道院　　　巴塞隆納
Monestir de Poblet　塔拉戈納　Barcelona
Tarragona

對於鍾情藝術的人來説，巴塞隆納無疑是一處必訪的重點城市，不同於馬德里洋溢著西班牙帝國和老大師著重繪畫技巧的氛圍，這座瀰漫活潑氣氛的海港城市，成就了西班牙現代藝術家米羅和畢卡索，在他們的美術館中，能親眼目睹西班牙國寶大師的創作。古色古香的哥德區、充滿歡樂氣息的海港邊、流行的購物大道與商品…加上鄰近法國南部邊界，不只西班牙人，就連許多歐洲人都常到此歡度週末，瘋狂一下！

巴塞隆納市街圖

A

往米拉勒之門
奎爾之門

Ⓜ Mercat Nou

Ⓜ Pl.de Sants

N

往奎爾紡織村及教堂

B

往聖德雷沙修道院
貝列斯夸爾德

聖哲火車站
Sants-Estacio

西班牙工業公園
Parc Espanya Industrial

Ⓜ Sant-Estacio

Ⓜ Sant-Estacio

Ⓜ Hostafrancs

Ⓜ Tarragona

米羅公園
Parc Joan Miro

Gran Via de les Corts Catalanes

Espanya **Ⓜ**

西班牙廣場
Pl. Espanya

Ⓜ Espanya

Av. Marques

Av. Reina M Cristina

西班牙村
Poble Espanyol

加泰隆尼亞美術館
Museu Nacional d'Art de Catalunya

Av. Miramar

米羅美術館
Fundació Joan Miró

奧林匹克運動場與運動博物館
Estadi Olímpic i Museu Olímpic i de l'Esport de Barcelona

猶太丘
Montjuïc

蒙居易公園
Parc de Montjuïc

1

米拉勒之門

Pg.Manuel Girona

Capita Arenas

Benet Mateu

米拉勒之門
Finca Millares

Av. Diagonal

Ⓜ Maria Gristian

奎爾別墅

Pg.Manuel Girona

奎爾別墅
Finca Güell

Av. Diagonal

Ⓜ Palau Reial

聖德雷沙學院

Ⓜ Les Tres Torres

Rosari

Angle Guimera

Mitre

聖德雷沙學院
Col·legi de les Teresianes

Ⓜ La Bonanova

2

3

貝列斯夸爾德
Bellesguard

貝列斯夸爾德

Ⓜ Vallcarca

Av.Rep.Argentina

Av.Hospital Militar

奎爾公園

奎爾公園
Park Güell

高第之家博物館
Casa Museu de Gaudí

Pg. St. Gervasi

Avinguda del Tibidabo
Pl.Bonanova

Trav.de Dalt

Larard

Ⓜ Lesseps

A

B

Gran Via de les Corts Catalanes

Ⓜ Rocafort

Ⓜ Urgell

Sepulveda

Floridablanca

巴塞隆
Museu d'Art Con

Centre de Culutra Contempor

巴塞

Ⓜ Poble Sec

Manso

Pinotxo Bar

Ⓜ St. Antoni

Parlament

Mercat de Sa

河渠口廣場
Plaça de la Boqueri

利休劇院

Av. De Parallel

Ronda del Litoral

Ronda del Litoral

Ⓜ Parallel

地中海
Mediterr

C

歌德區放大圖

巴塞隆納皇家藝術協會美術館
Reial Cercle Artístic de Barcelona

哥德區
Barri Gothic

新廣場
Plaça Nova

副主教府邸
Casa de l'Ardiaca

Carrer del Bisbe

大教堂**Catedral**

馬列斯紀念館
Museu Frederic Mares

天橋

國王廣場
Pl. del Rei

皇宮**Palau Reial Major**

奧古斯都神廟
Temple d'August

加泰隆尼亞自治廳
Generalitat

Carrer de la Llibreteria

Carrer de Jaume I

聖豪美廣場
Pl. St. Jaume

市政廳
Casa de la Ciutat

Palau Güell

Cereria Subirà

Ⓜ Jaume I

城市歷史博物館
Museu de la Història de la Ciutat

防禦塔
Torres de Defensa

Gran Via de les Corts Catalanes

◎景點 ⓐ購物 Ⓔ廣場 ○公園 Ⓜ地鐵 ⑪餐廳 ⬛火車

108

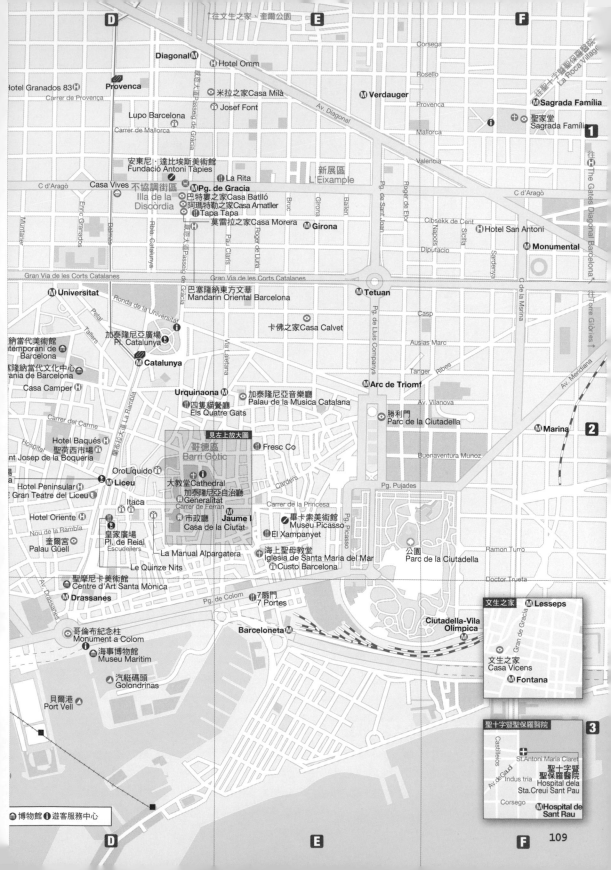

D | **E** | **F**

往文生之家、奎爾公園

Diagonal Ⓜ
🅷 Hotel Omm
Corsega

Hotel Granados 83 🅷
Provença ☕
Rosello

米拉之家 Casa Milà
🅼 **Verdauger**
Provença

Lupo Barcelona
🅷 Josef Font
Av. Diagonal
Mallorca
ℹ
✠ 聖家堂
Sagrada Família
Ⓜ **Sagrada Família**

1

Carrer de Provença

Carrer de Mallorca

Valencia

安東尼·達比埃斯美術館
Fundació Antoni Tàpies
Casa Vives
🅷 La Rita
新展區
L'Eixample

不協調街區
Pg. de Gracia Ⓜ

巴特婁之家 Casa Batlló
阿瑪特勒之家 Casa Amatller
🅷 Tapa Tapa
莫雷拉之家 Casa Morera

C d'Aragò

Illa de la
Discòrdia

🅼 **Girona**

Cibsekk de Cent
🅷 Hotel San Antoni

Napols

Diputacio
🅼 **Monumental**

Gran Via de les Corts Catalanes

Gran Via de les Corts Catalanes

Ⓜ **Universitat**
Ronda de la Universitat

巴塞隆納東方文華
Mandarin Oriental Barcelona
🅼 **Tetuan**

Casp

納當代美術館
Contemporani de
Barcelona
加泰隆尼亞廣場
Pl. Catalunya
卡佛之家 Casa Calvet
Ausias Marc

隆納當代文化中心
rania de Barcelona
ℹ

Casa Camper 🅷
Ⓜ **Catalunya**
Tanger
Ribes
Av. Meridiana

Av. Vilanova
Ⓜ **Arc de Triomf**

2

Carrer del Carme
Urquinaona Ⓜ
🍴 四隻貓餐廳
Els Quatre Gats
加泰隆尼亞音樂廳
Palau de la Musica Catalana

勝利門
Parc de la Ciutadella
Ⓜ **Marina**

Hotel Baqués 🅷
聖荷西市場
t Josep de la Boqueria
🅷 Fresc Co
Carders
Buenaventura Munoz

見左上放大圖

哥德區
Barri Gotic

OroLíquido 🅷
大教堂 Cathedral
ℹ
Carrer de la Princesa
畢卡索美術館
Museu Picasso

Ⓜ **Liceu**
加泰隆尼亞自治廳
Generalitat
Ⓜ 公園
Parc de la Ciutadella

Itaca
Hotel Peninsular 🅷
E Gran Teatre del Liceu 🅷
市政廳
Casa de la Ciutat
Jaume I Ⓜ
El Xampanyet
Ramon Turro

Hotel Oriente 🅷
皇家廣場
Pl. de Reial
Escudellers
La Manual Alpargatera
海上聖母教堂
Iglesia de Santa Maria del Mar
Custo Barcelona

奎爾宮
Palau Güell
Le Quinze Nits
Doctor Trueta

聖摩尼卡美術館
Centre d'Art Santa Mònica
Pg. de Colom
7扇門
7 Portes

Ⓜ **Drassanes**

Ⓜ **Lesseps**
文生之家

哥倫布紀念柱
Monument a Colom
Barceloneta Ⓜ
Ciutadella-Vila
Olimpica

海事博物館
Museu Maritim

汽艇碼頭
Golondrinas
文生之家
Casa Vicens

貝爾港
Port Vell
Ⓜ **Fontana**

聖十字暨聖保羅醫院

3

St.Antoni Maria Claret

聖十字暨
聖保羅醫院
Hospital dela
Sta.Creui Sant Pau

🏛 博物館　ℹ 遊客服務中心
Corsego
Ⓜ Hospital de
Sant Rau

高第最偉大的作品，巴塞隆納無可取代的地標——
讓世人無限景仰、感嘆的聖家堂！

高第的靈感來自蒙瑟瑞特(Montserrat)聖石山，預計共由十八根高塔和三座立面組成。

聖家堂一直都是以私人募捐以及入門票為資金來源喔！

巴塞隆納：聖家堂

聖家堂雕工精細，以致聖家堂遲遲無法完工，高第曾說：「我的客戶天主並不趕時間，而且天使會看到。」用以表達他對完美的堅持。

👁 MAP P.109 F1

聖家堂
Basílica de la Sagrada Família

　　聖家堂是高第奉獻畢生心血的家，接手這份工作的此後43個年頭直到高第死去，聖家堂都還沒建成。

　　這是一棟融合大自然的教堂，高第運用了他觀察大自然所得的各項元素，以及他深厚的宗教知識和美學素養，再加上一堆科學與力學的理論，使得它成為一座外觀結合各種動、植物形體、內部仿造森林結構的建築。

　　聖家堂有三座立面：「誕生立面」(Fachada del Nacimiento)、「復活立面」(Fachada de la Pasión)，以及「光榮立面」(Fachada de la Gloria)。外圍各四座高塔，代表耶穌的十二門徒；內圈則有四根高塔代表四位傳福音者。而兩根位於中央更高的塔，分別代表聖母瑪麗亞以及至高的耶穌。

　　已經蓋超過一世紀的聖家堂，如今已完成教堂內部的主要結構，剩下的「光榮立面」以及裝飾與塔樓等部分，建築師群正力拼在高第逝世一百週年，2026年以前全部完工，大家拭目以待吧！

造訪聖家堂理由

1 高第最偉大的作品

2 未完工就被列入世界遺產的教堂

3 歷經了五代建築師的建築工程

©flickr Jocelyn Kinghorn

「光榮立面」是聖家堂最大、最豪華的立面和正門所在。

塔頂上有以馬賽克磚拼出Hosanna、Excelsis等「讚美上帝」的字樣，多管齊下地宣揚福音。

誕生立面所有人物塑像都來自真人模特兒，且經高第從附近的居民中細心挑選，真實而且增加教堂與人的親近感。

怎麼玩聖家堂才聰明？

適合拍照時間

上午**9點之前**，光線較柔合，是拍誕生立面最佳時機；若要拍攝**誕生立面**全景，可到馬路對面的小公園，站在水池邊的石頭上拍攝。下午**5點以後**，是拍復活立面最佳時機，要拍攝復活立面全景可跨過馬路，利用24mm以下廣角貼地拍攝。

要穿合宜的服裝

聖家堂是一座天主教堂，有**嚴格的服裝規定**，一定要穿有袖、不露背或露肚的衣服，且褲子或裙子要過膝。如果不想被擋於門外，出門前就先檢查一下吧！

至少預留時間
只想參觀教堂內部：1小時
仔細欣賞教堂上下左右：至少2小時

地鐵2、5號線到Sagrada Família站下，步行約1分鐘

⌂ Carrer de Mallorca 401
☎ 208-0414
🕐 4~9月09:00~20:00（週六至18:00、週日10:30起）；3、10月09:00~19:00（週六至18:00、週日10:30起）；11~2月09:00~18:00（週日10:30起）
💰 聖家堂全票€26、聖家堂加塔樓全票€36（皆含語音導覽）
🌐 sagradafamilia.org
❶ 搭乘電梯前往塔上參觀的人，須於票上標記的梯次時間前往

大殿屋頂兩旁，有許多色彩鮮艷豐富的水果塔：葡萄、蘋果、草莓、橘子、蕃茄等等，至為可愛。水果塔都是在聖家堂工作了很多年的日本人Etsuro Sotoo的作品。

一起來解密聖家堂～

聖家堂有18根高塔及三座立面，上面的雕刻敘述的都是聖經故事：誕生立面細訴基督的誕生和幼年；復活立面描述耶穌受難和死亡；光榮立面包含死亡、審判、地獄及最後的榮光。

✝ 誕生立面

高第按照聖經裡耶穌誕生成長的故事和加泰隆尼亞人的信仰，以及高第對大自然的崇拜，加上符合科學理論的設計、巧奪天工的雕刻，希望聖家堂能成為所有人都喜歡親近的教堂。

在高第原本的設計裡，中間基督之愛門的主色為耶誕午夜的藍色，左邊的希望之門則是象徵埃及尼羅河的綠色，至於右邊的信仰之門則是象徵巴勒斯坦地區(Palestine)的赭石濃黃。不過，在他去世後完成的誕生立面，最後沒有塗上顏色。

由右到左分別代表天主教中最重要的精神「信、愛、望」——「信仰之門」(Pórtico de la Fe)、「基督之愛門」(Pórtico de la Caridad)，以及「希望之門」(Pórtico de la Esperanza)。

❶「基督之愛門」有一株代表連接天堂與人間的橋樑及門檻的生命之樹，群繞著柏樹的鴿子象徵著純潔的靈魂等待著進入天堂。

❷在中間竄升的星星就是聖經裡引來東方賢士及牧羊人的慧星，一群小天使也群聚著往下望著剛出生的耶穌，給予祝福。

❸生命之樹下方有一隻鵜鶘護著金蛋，在天主教的古老的傳說裡，鵜鶘會用嘴喙去摩擦自己滿裝魚獲的肚皮，以反芻餵養兩隻小鵜鶘，所以又有聖餅和復活之意。

❹JHS是Jesus縮寫，十字架旁的四位天使，有兩位在燒香、唱詩歌，另外兩位則是分別拿著雙耳陶罐與一籃麵包，構成經典的領聖餐禮畫面。

❺瑪麗亞生下耶穌之後，聖靈又在夢中告訴聖約翰，快護送瑪麗亞及耶穌逃亡埃及，因為希律王必會派人來殺他們。

❻牧羊人背著羊隻，虔誠地仰望耶穌誕生的奇蹟。

DID YOU KNOW

咦？為什麼雕刻上扎滿了針？

雕像近看好像在做針灸治療，身上被扎滿了針，其實這是為了防止小鳥飛到上面大便。

❼聖約瑟與瑪利亞訂婚的場面。訂婚之後，瑪麗亞便受聖靈感召而懷孕，原本聖約瑟想暗中取消婚約，但神卻在他夢中指示，要他依然迎娶瑪麗亞。

❽在三座門之間的四位天使，相反的，可不是在宣告耶穌誕生的消息，而是在警告世人世界末日將至，最後的審判也即將來臨。

❾希律王派人殺盡伯利恆城內及周遭所有兩歲以下的男孩。高第刻畫的是一位母親哀求士兵手下留情的一刻，高舉著嬰孩的士兵殺氣騰騰，令人不安。

❿聖母瑪麗亞抱著剛出生的耶穌，其後站著聖約瑟。四週的雕像都將目光投向此，代表著馬槽中神聖的一刻。

113

復活立面

高第去世前15年(1911年)已經繪製好復活立面的草圖，後來由史巴奇斯(Joseph Maria Subirachs)接手大師的工作。

高第原本在天幕的上方又設計了一道重天幕，支柱為骨頭型狀，意謂著「殉難是一項付出鮮血的事業」，但史巴奇斯設計的形狀是比較抽象的骨頭。史巴奇斯利用倒S的順序來排列群像，故事起於左下方最後的晚餐，終結於右上角的安放耶穌於新墓。

要在大師之後繼續其工作，不難想見得承受多大的壓力及批評，雖然從一開始就爭議不斷，史巴奇斯所設計的復活立面卻仍然成功地傳達出耶穌受難過程中的悲壯情懷。

🔊 **隱藏其中的高第頭像！**
接手聖家堂建築的史巴奇斯為了紀念高第的偉大貢獻，特地在復活立面耶穌被審判的故事雕刻中，以高第的頭像作為站在衛士左邊的一位人物，眼尖的大家不妨找找看吧！

❶ 「猶大出賣耶穌給祭司長，告訴士兵說，等會兒他親吻誰，那人便是耶穌，而猶大的後方牆上刻有一條蛇，是魔鬼的化身，暗喻猶大受了魔鬼的驅使而作出違背良心的事。

❼ 耶穌身後的魔方，不論橫、直、斜，加起來都是33，說明耶穌受難時的年齡。

史巴奇斯的設計和高第的草圖相似，均是六根傾斜的立柱支撐入口的天幕，雕像則以表現主義述說耶穌殉難前一週所發生的故事。

巴塞隆納：聖家堂

114

❹受鞭刑的耶穌被縛在一根裂成四塊的圓柱上，斷裂的圓柱代表著十字架的四支，也代表著古世界的分裂；而通往圓柱的三個石階，則暗喻耶穌受難的三日，以及死後三日復活。

❸史巴奇斯顛覆傳統地將十字架水平放置，而耶穌只有雙手被釘在十字架上，身體像是懸浮空中，腳下的骷髏代表祂在骷髏地——各各他受難之意。

❼耶穌受難前就預言彼得會在雞鳴二次前，三次不認主。史巴奇斯刻了一隻公雞，再刻了三個詢問彼得是否認識耶穌的使女和僕人，以及滿臉歉容的彼得。

❺落寞不語、頭戴荊棘、手拿蘆葦的耶穌，旁邊坐著的是苦惱的彼拉多，因為不知道該判耶穌什麼罪，又不想抵犯眾怒而發愁。

❽揹著十字架的耶穌，後方是圍觀的群眾和羅馬士兵，中間的女子則展示著耶穌受難的裹頭巾，陰刻雕出的耶穌面容，暗示著此人已不存在，但精神永存。

❻史巴奇克擷取自福音書裡有關於耶穌殉難的紀錄，化成兩扇青銅大門，這樣子張開的「大聖經」，才不會干擾門前正受鞭刑的耶穌雕像所散發出的寂寞無助。

近看福音書之門，上面還有一個迷你魔方！

❾左邊是耶穌站在希律王之前，右邊是耶穌站在彼拉多之前，兩人都無意致耶穌於死地，但也都無意因為耶穌而與人民為敵，兩人也因為耶穌，從仇敵變成朋友。

✝ 教堂內部

高第希望聖家堂的大殿像一座森林，柱子就是樹幹，拱頂即是樹葉，藉由開枝散葉的樹枝支撐起整座空間，也因此在樹幹的分枝處還設計了許多橢圓形、用來放置燈光的「關節」，同時在拱頂部份也設計了葉子般的效果。

高第希望讓站在主要大門的參觀者，能夠一眼看盡主殿拱頂、十字部分以及半圓形室，因此創造出這種逐漸增高的拱頂效果。

頂棚開了一個個的圓洞是為了讓室內能產生間歇灑落陽光的效果，由旋轉四散的紋路將室外的陽光分散到室內，美麗的馬賽克拼貼，讓金色的葉子在大殿頂上發光。

✝ 側禮拜堂

高第仍按原建築師維拉的計畫完成哥德式的地窖，之後，他開始設計半圓形的側禮拜堂，內含兩座迴旋式樓梯通往地窖。

側禮拜堂內裝飾了許多天使的頭像以及成串的眼淚，以提醒世人耶穌所受的苦難。教堂的尖頂則以麥穗等各種植物、農作物為飾，以顯示宗教的崇高。

Did YOU KnoW

長期沒有建築許可證的聖家堂…

世界聞名的聖家堂自1883年開始修建，不過原來聖家堂一直是一座沒有建築許可證的建築物！巴塞隆納市政府和聖家堂進行了將近兩年的協商，終於在2018年達成協議，聖家堂同意還清欠下的36萬歐元之後，便可獲得許可證，這筆巨額款項將會用在維護聖家堂以及周圍的公共設施。

參觀聖家堂可以帶：長鏡頭以及新約聖經
聖家堂設計得非常精緻，舉頭望不見的細部，可以用長鏡頭拍下來回家慢慢欣賞，而手中有一本聖經才能了解每一個雕刻背後的故事，這樣才可以深刻體會設計師的巧思佈局。誕生立面及復活立面上的所有故事細節，都可以在新約的馬太、馬可、路加及約翰福音書中找到。

屋外有青蛙、龍、蜥蜴、蛇和蠑螈爬在牆頭，因為牠們是不許進入聖殿的動物。

隔著大片的玻璃窗，可以見到工作人員正在研究和雕塑聖家堂的某一部分。

博物館

聖家堂的地下室目前是一座小型的博物館和工作室，陳列所有與聖家堂設計相關的照片、草圖、模型。博物館中也放置一些高第研究自然界現象和力學的模型，讓遊客自己動手扭扭看、轉轉看。遊客也可以從隔著的玻璃小窗，望見在氣派的古典哥德式地窖內的高第墓室。

學校

在復活立面的旁邊，可以看見一棟較為矮小的屋子，它是高第設計的學校，現在當作陳列室使用，展出聖家堂的模型。雖然這只是一棟看起來簡簡單單、毫無裝飾的樸實紅磚屋，但其實孕含了許多大自然的原理，例如像葉子般起伏的屋頂、如波浪般彎曲的壁面，都給予這棟建築非常穩固的支撐力。

高第建築巡禮

來到巴塞隆納，怎能錯過高第一系列的建築神作！

高第打破人類對直線的「迷思」，回歸上帝賦予大自然的曲線。

巴塞隆納以其豐富的建築與文化聞名於全世界，其中以「新藝術運動」(Art Nouveau)的先驅——安東尼·高第(Antoni Gaudí)的建築群最廣為人知，而巴塞隆納眾多建築中，高第被列為世界文化遺產的作品就有七項。即使你對高第不熟悉，只要見過他的任何一件作品，就能令你一輩子難忘！

高第受到英國美術大師羅斯金(John Ruskin)自然主義學說和新藝術風格的影響，他的作品常使用大量的陶瓷磚瓦和天然石料，不但能結合傳統與當代的各種建築風格，還同時保有原創力，任何一處細部都獨一無二，所以他的建築風格很難被歸類，使他獲得「建築史上的但丁」雅號。

這位大師也因伯樂賞識得以發揮長才，1878年巴黎萬國博覽會時，高第以一只玻璃展示櫃參展，引起奎爾公爵(Eusebi Güell)的賞識，因此高第設計了奎爾宮、奎爾教堂、奎爾酒窖、奎爾公園等一連串的私人建築。

高第的靈感來自蒙特瑟瑞(Montserrat)聖石山的靈感，他曾說：「藝術必須出自於大自然，因為大自然已為人們創造出最獨特美麗的造型。」

1883~至今	聖家堂Sagrada Família (1984年被列為世界文化遺產)
1883~1888	文生之家Casa Vicens (1984年被列為世界文化遺產)
1884~1887	奎爾別墅Finca Güell
1886~1889	奎爾宮Palau Güell (1984年被列為世界文化遺產)
1888~1894	聖德雷沙學院Col·legi de les Teresianes
1891~1892	波提內之家Casa Botines
1895~1897	奎爾倉庫Bodegas Güell
1898~1900	卡佛之家Casa Calvet
1898~1915	奎爾紡織村及教堂Colonia Güell (教堂地下室1984年被列為世界文化遺產)
1900~1909	貝列斯夸爾德Bellesguard
1900~1914	奎爾公園Park Güell (1984年被列為世界文化遺產)
1901~1902	米拉勒之門Puerta de la Finca Miralles
1904~1906	巴特婁之家Casa Batlló (1984年被列為世界文化遺產)
1906~1910	米拉之家Casa Milà (1984年被列為世界文化遺產)

P.119　P.130　P.123　P.120　P.121　P.126　P.124

巴塞隆納：高第建築巡禮

聖家堂Sagrada Família

世界文化遺產

　　聖家堂源自一位身兼聖約瑟奉獻協會主席的書店老闆柏卡貝勒(Josep Maria Bocabella)，一直希望建造一座禮拜耶穌一家——耶穌、聖約瑟、聖母瑪麗亞的教堂的夢想，最後，他終於找到一塊便宜又足夠的空間，便於1882年開始委託建築師維拉(Francisco de Villar)興建聖家堂。不過，才一年的時間雙方即因意見不合而生波。因此柏卡貝勒之後找了年輕的高第接手，成了高第到死後都還沒完成的偉大建築。(聖家堂詳見P.110)

📍P.109F1　🚇地鐵2、5號線到Sagrada Família站下，步行約1分鐘　🏠Carrer de Mallorca 401　☎208-0414　🕐4~9月09:00~20:00(週六至18:00、週日10:30起)；3、10月09:00~19:00(週六至18:00、週日10:30起)；11~2月09:00~18:00(週日10:30起)　💲聖家堂全票€26、聖家堂加塔樓全票€36(皆含語音導覽)　🌐sagradafamilia.org　❗搭乘電梯前往塔上參觀的人，須於票上標記的梯次時間前往

文生之家Casa Vicens

初見到花花綠綠的文生之家，那種彷彿看見童話屋般的愉悅心情，可真讓人打從心底佩服屋主與建築師的大膽與創意！這座瓷磚製造商的私人宅第，正是高第成為建築師之後，初試啼聲的處女作。

🏛P.109F3 🚇地鐵3號線到Fontana站下，步行約5分鐘 🏠Carrer les Carolines 20-26 ☎271-1064 ⏰4~9月10:00~20:00；10~3月10:00~19:00 (週一至15:00)。閉館前1小時停止售票 🚫1/6、12/25 💰線上購票全票€21、優待票€19，現場購票另加€4，票價含語音導覽 🌐casavicens.org

鋪滿馬賽克與磁磚的摩爾式高塔，在高第同期的作品中常常出現。

窗戶外令人歎為觀止的複雜鑄鐵結構，預告了鑄鐵在高第建築中所占的重要份量。

靠著花園的角塔，更是充滿東方風情。

由於屋主是瓷磚製造商，高第運用了許多美麗的磁磚，而且都配合花園裡栽種的非洲萬壽菊。

棕櫚葉鑄鐵大門日後成為高第作品的註冊商標之一。

兩個大門其實分別是運貨及給馬車走的道路。

鍛鐵打造的大正門透露著主人的氣派。

Did YOU KnoW

大門上裝飾的鳳凰隱含深意！

在兩扇氣派無比的大門間，高第特別為同是加泰隆尼亞人的奎爾先生設計了一個由鍛鐵打造的加泰隆尼亞紋章裝飾，不是當時常見的龍或蝙蝠，而是一隻象徵浴火重生的鳳凰，隱含有支持當時19世紀加泰隆尼亞文化語言復興運動之意。

整齊不失韻味的方窗。

鑄鐵陽台也別出心裁，或如繩之螺旋、或如稈之方正，整齊中見繁複。

巴塞隆納：高第建築巡禮

Did YOU KnoW

你知道這裡為什麼不叫「奎爾之家」嗎？

看過那麼多高第建築後大家應該會好奇為什麼其他地方都叫做「XX之家」，唯獨這裏特別以「奎爾宮」來命名？這是因為除了奎爾先生本身擁有公爵的貴族頭銜外，為了回報賞識自己的奎爾先生，高第把這棟豪宅打造的如同皇室宮殿般華麗，自然也就不以一般的「家」來稱呼，而提升到「宮」的層次了！

以20根彩色煙囪裝飾的屋頂，更讓人驚呼連連。

宮殿內無論是蒼穹般的天花板、樑柱都有精巧的雕刻。

奎爾宮Palau Güell

世界文化遺產

賞識高第的奎爾公爵為了不想荒廢家族產業，同時也想挽救蘭布拉大道西區狼藉的聲名，決定聘請高第為其設計一棟華美絕倫的豪宅。雖然這棟公寓總共蓋了6年(1886~1891年)，幾乎花光奎爾公爵大部分的財產，卻使得高第聲名大噪。1984年，奎爾宮被指定為世界文化遺產。

奎爾宮位於巴塞隆納最熱鬧的蘭布拉大道旁的狹小巷弄裡，從窄巷中很難窺見其全貌。而其從大門直達馬廄的設計，蜿蜒曲折，淋漓盡致的空間運用手法，在當時更是一大創舉。

🚇P.109D2 🚉地鐵3號線到Liceu或Drassanes站下，步行約7分鐘 🏠Carrer Nou de la Rambla 3-5 ☎472-5775 🕐4~10月10:00~20:00，11~3月10:00~17:30。閉館前1小時最後入場 ⊗週一(例假日除外)、1/1、12/25~26 💰全票€12、優待票€5~9 🌐inici.palauguell.cat 🎫每月第一個週日、2/11、4/23、5/20、9/11、9/24免費入場，須事先線上取票

卡佛之家Casa Calvet

高第在其有生之年唯一獲得的建築獎項，就是以1900年剛落成的卡佛之家獲得巴塞隆納市議會頒贈的同年「最佳巴塞隆納建築獎」。由於卡佛先生也是研究真菌的學者，高第在大門上方的凸形立窗周圍，放置真菌形狀的石雕，可愛極了！可惜卡佛之家屬於私人產業，因此不開放參觀內部，但其典雅的外觀還是吸引了無數遊客流連於此。

🚇P.109E2 🚊地鐵1、4號線到Urquinaona站下，步行約8分鐘 🏠Carrer de Casp 48

高第設計的以希臘十字架擊碎昆蟲的門把，令人莞爾。

卡佛之家原是紡織品實業家D. Pedro Martir Calvet的居所以及辦公室。

卡佛之家整棟建築中最美麗的凸形立窗。

巴塞隆納：高第建築巡禮

目前開放的頂樓、底樓、一樓與後院，在黃昏前1~2小時前來，可以欣賞到它白天與夜晚兩種風情。

以骷髏及骨頭為裝飾的窗戶，是巴特婁之家最大的特點。

屋頂上釉的波狀鱗片瓷磚如惡龍背部，即使貼近看，仍然很逼真。

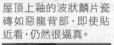

屋頂上的煙囪像是一隻隻可愛的鉛筆。

會客廳是巴特婁之家最美麗的焦點。

巴特婁之家以不同深淺的藍色磁磚、陶磁，展現「海洋」的主題，象徵加泰隆尼亞人與海為伍的民族精神。

巴特婁之家Casa Batlló

世界文化遺產

　　這座建築雖然並非高第所建，卻是經由高第之手從裡到外大變身。巴特婁之家的主人買下這棟興建於1877年的建築後，卻因隔壁1900年落成的阿馬特勒之家(Casa Amatller)裝飾得非常漂亮，於是找來了高第替他的「舊宅」改頭換面一番。

　　身為虔誠的教徒，高第非常著迷於聖喬治屠龍的故事，偏偏阿馬特勒之家也參雜了聖喬治屠龍的元素，於是高第決定以同樣的主題和它的設計師一決高下，於是形成了巴特婁之家今日的面貌：刺在龍脊上的十字架是聖喬治的利刃、猶如面具般的窗飾象徵受難者、位於一樓的骨頭則是惡龍的腹部…

　P.109D1　　地鐵2、3、4號線到Passeig de Gràcia站下，步行約2分鐘　　Passeig de Gràcia 43　　216-0306　　09:00~22:00(售票至21:00)　　線上購票全票€29起、優待票€23~26，12歲以下免費，現場購票另加€4，票價含語音導覽　　www.casabatllo.es

看起來雄偉厚實的米拉之家，其實只是用很薄的石板搭建出來的！

屋頂上十幾個造型新穎前衛的「外星悍客」，其實它們都是排煙管或水塔！

因為採用乳白原色的石材、外觀除鍛鐵陽台外幾乎沒有其他裝飾，米拉之家又被巴塞隆納人暱稱為採石場(La Pedrera)。

米拉之家Casa Milà

世界文化遺產

米拉之家整個結構既無稜也無角，全無直線的設計營造出無窮的空間流動感，堪稱是高第落實自然主義最成熟的作品，並於1984年被聯合國教科文組織指定為世界文化遺產。這棟白色波浪形建築，配上精雕細緻的鍛鐵陽台，顯得雄偉大器而且豪華精緻。目前只開放高第建築展覽室和一間由其設計的公寓，參觀路線已事先規劃好，只要照著箭頭前進，肯定不會迷路！

🅟P.109D1 🚇地鐵3、5號線到Diagonal站下，步行約3分鐘 🅖Passeig de Gràcia 92 ☎214-2576 ⏰3~10月、12月26日~1月3日09:00~20:30、21:00~23:00；11~2月09:00~18:30、19:00~23:00。每年時間異動，

請參考官網 🅢日間全票€28、優待票€12.5，夜間全票€39、優待票€19~22，現場購票另加€2，票價含語音導覽 🆆www.lapedrera.com/en/home

Did YOU KnoW

米拉與眾人都嫌棄的設計！

雖然當時業主米拉因欣賞巴特婁之家的設計而聘請高第，但成品奇異前衛的造型在當時並不受青睞，甚至被稱為「地表最醜陋的房子」，在眾人一致嫌醜的情況下，耗費鉅資蓋房子的米拉也對高第大為不滿，當時入住的房客甚至抱怨這些沒一處方正的房間根本無法放置她的鋼琴，但高第還是堅持他的設計，成就了現在我們所見到的傑作！

高第設計了兩座天井，讓每一戶都能雙面採光。

內部沒有任何一道牆不可拆，可謂節省空間到達極點，不論在當時還是今日，都算得上大膽、科學且前衛的設計。

波浪狀的粗石圍牆由陶瓷、磁磚、灰泥所組成，如浪如花又如龍的米拉勒之門。

原本的大鑄鐵門已鏽壞，後來增加了高第的雕像和簽名以紀念這位建築師。

米拉勒之門Finca Miralles

較為罕見的鏤空聖十字。

米拉勒社區由高第的好朋友Hermenegild Miralles Anglès所擁有，他邀請高第為其財產設計圍繞社區的圍牆和大門，高第欣然接受，總共設計了36段的圍牆，但如今只剩正門和附近的圍牆保留下來。

正門上方的天棚也已換成複製品，並非原來高第利用磁磚做成龜殼狀的屋頂。幸好，祥龍盤踞的欄杆，以及躍動的建築節奏依然屹立，讓遊客仍能從中捕捉到高第的巧思。

▲P.108A2　●地鐵3號線到Maria Cristina站下，步行約8分鐘　●Passeig Manuel Girona 55　⑤免費

奎爾公園Park Güell 世界文化遺產

奎爾公園興建於1900~1914年，原本設計成擁有6戶別墅住家的英式花園(因此它最初的名字採用的是英文的「Park」，而非西班牙文的「Parc」)，但最後卻因為案子失敗而變更為公園。高第也為自己在公園裡設計了一棟房子，如今已經成為高第之家博物館(Casa Museu Gaudí)。

樓梯上放置了由彩陶拼貼而成的大蜥蜴，為公園內最受歡迎的留影標誌。

◆P.108B3 ◎地鐵3號線於Lesseps站下，步行約20分鐘抵達公園正門 ◎C/ d'Olot, Gràcia ◎公園409-1831；博物館219-3811 ◎公園3月下旬~10月下旬09:30~19:30；10月下旬~3月下旬09:30~15:30，每年時間異動，請參考官網；博物館整修暫停開放 ◎公園全票€10、優待票€6，免票者需事先線上取票。現場門票很快售罄，最好提早上網預約購票 ◎公園parkguell.barcelona；博物館sagradafamilia.org/en/schedules-how-to-get ●高第之家博物館自2024年起進行整修，暫停開放，重新開放時間請上網站查詢。

靈感同聖家堂都來自蒙瑟瑞 (Montserrat) 聖石山的拱廊，內部毫無支撐的結構，完全以當地石塊自然呈現。

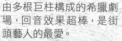

由多根巨柱構成的希臘劇場，回音效果超棒，是街頭藝人的最愛。

高第利用高低起伏的地形，搭配蘑菇、糖果屋和七彩大蜥蜴的童話趣味，創造出他最多采多姿的作品之一。

拱型屋頂設計的小屋，再飾以波浪型陶磁片，以及細高的螺旋型塔樓和高第的標誌十字架，彷彿童話故事裡的糖果屋再現。

一長排拼貼著彩色磁磚的石椅，色彩斑斕，就連歌手張惠妹都曾遠赴此地替她的MV取景。

希臘劇場和蛇形座椅中的陶磁裝飾多出自建築師 Josep Maria Jujol 之手。

高第之家博物館收藏高第親自設計及他生前使用過的家具。

奎爾別墅Finca Güell

奎爾公爵委託高第為其別墅設計馬廄及門房，高第於是設計出數棟風格不一的建築，以配合已經存在的別墅。

和高第其他同時期的建築沒有兩樣，紅磚成了主要建材之一，他採用多道拱頂，使馬廄偌大的建築物中不需要大樑。目前奎爾別墅為加泰隆尼亞建築學院的高第協會所在地，平日不對外開放，遊客只能在外駐足欣賞高第根據史詩設計的大門。門房及圍牆則是利用磁磚、陶瓷和紅磚排列建成，適度佐以色彩鮮艷的馬賽克，讓人目不暇給。

ⓟP.108A2 地鐵3號線到Maria Cristina或Palau Reial站下，步行約10分鐘可達 Avinguda de Pedralbes 7 317-7652 10:00~16:00 全票€6、優待票€3，門票含專人導覽 1/1、1/6、12/25~26 每天10:15、11:15、15:00有英語導覽 每目前進行整修，暫停開放，重新開放時間請上網站查詢。

柱頂根據希臘神話「海絲佩拉蒂的果園」所設計的橘子樹，值得細細欣賞。

在大門右上方高第的標誌「G」，就像他的署名。

高第根據1877年J. Verdaguer所寫的Atlàntida長篇史詩所創作的鑄鐵雕龍，活靈活現的龍盤踞在大門上。

巴塞隆納：高第建築巡禮

Did YOU KnoW
龍之門開闔的巧妙機關！

以鑄鐵製成的龍之門是奎爾別墅的顯著象徵，龍張大口彷彿就要衝出的模樣讓人驚嘆，其實這個龍之門還隱藏了另一個機關，據說當門打開時門上鐵鍊會牽動龍爪使之向上伸出，讓龍更為生動，如果幸運遇上大門開啟的話千萬要注意瞧瞧啊！

高掛在建築物一角的耶穌縮寫「JHS」，以及繁複的鐵鑄門扉，是高第特有的標誌。

從建築的頂部及角落，並以紅磚的排列變化作為裝飾，散發濃濃的摩爾建築風味。

摩爾風情的細瘦尖拱，剛好符合教會的保守作風，可説是極為聰明的結合。

聖德雷沙學院 Col·legi de les Teresianes

聖德雷沙學院是一間私立天主教女子學校。1889年高第接手時，已蓋好地基和一樓。高第不但接受既成的建築、有限的預算，以及校方禁慾、不張揚的規條，還能在建築成品上保有自己獨特與富於想像力的風格。

和高第前一個作品奎爾別墅有異曲同功之妙的地方，在於這兩棟建築都以紅磚作為主要的建材，從建築的頂部及角落，可以發現高第驚人的巧思。同時，在此棟建築中，高第運用了許多拱型設計，以取代梁柱。

◭P.108A3 ◉搭乘FGC鐵路列車在Tres Torres站下，步行前往約5分鐘 ⌂Carrer de Ganduxer 85-105 212-3354 ❶內部平日不對外開放，如欲參觀可打電話預約

奎爾紡織村Colonia Güell

世界文化遺產

奎爾村是奎爾安置其紡織工廠及工人之處，也是西班牙至今留存建築與村鎮計劃最完整的古蹟之一。此村鎮包含一座紡織工廠、一大塊住宅區以及一棟小教堂。不過，高第僅親自完成奎爾村教堂的地窖部分，其餘村鎮上的房舍則由高第的兩位門徒F. Berenguer以及J. Rubió i Bellver所完成，整個村鎮整齊畫一的建築風格，令人印象深刻。

◎P.108A1 ◎從Pl. Espanya火車站搭乘S3、S4、S8、S9線FGC鐵路列車於Colonia Güell站下車，車程約20分鐘，後沿藍色腳印的路標前進，步行約15分鐘 ⊙Carrer de Claudi Güell, Santa Coloma de Cervelló ☎630-5807 ⊙10:00~17:00(週末與假日至15:00) ◎1/1、1/6、棕枝主日、聖週五、12/25~26 ⊙全票€10、優待票€8 ⊕gaudicoloniaguell.org

這些彷如樹枝般的支柱，配上小小的馬賽克花紋，以及禮拜堂內粗獷的玫瑰花窗，在在散發著一種自然原生的氛圍。

禮拜堂內以木頭和鑄鐵打造的椅子，同樣出自高第的設計。

水滴狀的花窗、樸拙的鐘樓，讓教堂不再高不可攀。

聖家堂的小模型

雖然高第僅完成奎爾村小教堂的地下室，但這間教堂卻是高第最常被研究與景仰的作品之一，因為就是在這間地窖的工程上，高第實踐了利用吊砂袋的線繩，來計算每一座拱頂的承重量，並利用鏡子反射原理安排柱子的位置、傾斜度等，該技術後來也運用在聖家堂上，因此奎爾村小教堂可說是高第進行最多力學研究的作品之一，也可說是聖家堂的小小前身。

奎爾村小教堂前的迴廊利用許多弧拱和傾斜的支柱，不但如同樹枝般自然，卻足以支撐屋頂及已計劃但尚未完成的教堂結構。

Ca l'Ordal是進村時看到的第一棟住宅，有三根美麗的煙囪和奇特的磚塊排列。

村內的民宅皆以紅磚、石頭為主要建材，令人眼花撩亂的紅磚排列與堆砌法，甚至和中國的閩式建築有著異曲同工之妙！

貝列斯夸爾德Bellesguard

貝列斯夸爾德的所在地點，曾是15世紀加泰隆尼亞末代國王的夏宮，其名稱意思為「美麗的景色」，後來由Doña María Sagués女士取得這塊土地，但其上已幾乎沒有留下任何昔日的建築。由於Doña María Sagués一直非常仰慕高第，因此委請高第幫忙設計這棟別墅。

🗺P.108A3　🚇地鐵5號線到Diagonal站下車，後前往Provenca換FGC鐵路列車到Av Tibidabo，再轉搭巴士123或196號至Bellesguard站下　📍Carrer de

Bellesguard 20　📞250-4093　🕙10:00~15:00(最後入場14:30)　⛔週一、1/1、1/6、12/25~26　💰全票€9、優待票€7.2，門票含語音導覽　🌐bellesguardgaudi.com

Did YOU KnoW

高第建築中少見的直線這裡看得到！

由於此棟建築有其悠久的歷史背景，所以高第在設計時特別以「中世紀城堡」為發想靈感，也因此這裡出現了高第建築中少見的直線跟稜角，呈現了高第不同以往的風格！

巴塞隆納：高第建築巡禮

塔樓頂端的聖十字覆蓋著馬賽克，在太陽下閃閃發光。

高第設計了許多並排的哥德式瘦長窗戶，使得建築本身不但看起來更高，同時能提供內部充足的光線。

建材取自當地的石材和磚塊，外表呈現柔和的土黃色，讓人回想起原來位於此地的中世紀行宮。

角邊的露台將圍欄鑿成等大小的角椎狀小石塊，令人佩服高第注意細節的程度。

高第運用各種石塊的幾何排列窗櫺和陽台，讓每個窗子都有獨特的表情。

突出的角間上有細緻的鑄鐵欄杆、並連的哥德式窄窗，伴著花草，宛如童話故事裡的場景。

花園內及屋旁的馬賽克皆出自高第的助手Domingo Sugrañes之手。

為了配合萊昂城內許多美麗的歷史大廈，於是高第設計這具中世紀氣質、令人印象深刻的新哥德式大廈。

波提內之家Casa Botines

主立面上方雕刻描繪著高第酷愛的聖喬治屠龍故事。

複雜的大門鑄鐵設計包含許多自然界的原素，馬上就告訴你它出自高第之手。

倘若你是高第迷，就別錯過位於Plaza de San Marcelo的波提內之家(Casa Botines)，這可是大師出走加泰隆尼亞區少有的作品，另外兩個是阿斯托佳(Astorga)的主教宮和卡蜜拉斯(Comillas)的El Capricho豪宅。

因奎爾公爵的牽線，高第為從事紡織品買賣的業主Fernandez and Mariano Andres設計(但該公司的創建者是波提內家族，所以此屋依此命名)一棟包含有倉庫的住宅。

大廈內包括地下室、地面樓層、另三層樓和一個閣樓，屋頂是傾斜的，在建築的每個角落都有塔樓，為了改進照明和地下室的通風，四周以壕溝圍住，這技術同樣用於聖家堂和阿斯托佳主教宮。

目前此棟建築已改為銀行之用，內部裝潢也重新翻修。不過這棟新哥德式的作品在快完成之際，也曾遭到市民的噓聲，甚至有會倒塌的預言，如今卻堅固如新，簡潔卻不失莊重的風采依舊，更可顯現大師的遠見與不凡。

🚄每天有約8班火車往萊昂，約€29起，車程6~9小時 🏠Plaza de San Marcelo 5, Leon ☎98735-3247 🕐10:00~19:00(週三15:00起，週末至20:00) 🚫週二 💲全票€9、優待票€7，門票含語音導覽 🌐www.casabotines.es

感恩大道不但是巴塞隆納著名的精品大街，
同時擁有一系列當地最漂亮的建築群。

造訪感恩大道與不協調街區理由

1 巴塞隆納最時髦的地區

2 建築奇才同街競技

2 名牌精品大集合

巴塞隆納：感恩大道與不協調街區

風格各異，彼此產生截然
不同「衝突感」的三棟建築
出自有「現代主義建築三
傑」之稱的高第、多明尼克
及普意居之手。

MAP
P.109
D1

感恩大道與不協調街區
Passeig de Gràcia & Manzana de la Discòrdia

119世紀初時，感恩大道只是一條連接巴塞隆納和「感恩」
(Gràcia)小鎮的新展場，一直到西元1827年的都市更新計畫，才鋪上
這條寬達42公尺的新道路。到了20世紀初，建築師Pere Falqués i
Urpí替它設計了街燈與美麗的長椅，後來高第等新藝術建築師紛紛
替它增添嶄新的面貌，感恩大道反而成為巴塞隆納最時髦的地方。

至少預留時間
建築打卡巡禮：1小時
購物達人已上線：3小時以上

地鐵2、3、4號線到Passeig de Gràcia
站下

Did YOU KnoW

一顆引來糾紛的蘋果與不協調街區有關係！？

英文中有個片語「Apple of Discord」(引來糾紛的蘋果，常引申為引來爭端的禍源)原來與不協調街區是有關係的。

這個片語源自希臘神話：不和女神厄里斯」(Eris)因為未被邀請參加宴會，生氣地在宴會上留下一顆刻著「獻給最美麗的女神」的金蘋果，引起了宴會上最漂亮的三位女神：赫拉、雅典娜與阿芙蘿黛蒂的爭執，最後甚至引發了特洛伊戰爭。

而西文中的「不協調街區」是Manzana de la discòrdia，其中，discòrdia是「不協調、不合」的意思，Manzana則有「街區」的含義，但Manzana還有另一個意思是「蘋果」，因此西文中的「不協調街區」(Manzana de la discòrdia)也可被譯為「不合、引來糾紛的蘋果」，正與這個英文片語Apple of Discord意思相通。

怎麼玩感恩大道與不協調街區才聰明？

各種之家

感恩大道上有很多現代主義的建築，除了不協調街區上的那三棟，還有高第的米拉之家(Casa Milà)、Pere Falqués i Urpí的**Casa Bonaventura Ferrer**…

名牌街

©flickr:0h-Barcelona.com

感恩大道被稱為**巴塞隆納的香榭麗舍大街**(les Champs-Élysées)，有許多名牌專賣店Lupo、Jimmy Choo、Prada、Michael Kors…等著大家去買買買！

©flickr:pruffish

莫雷拉之家是加泰隆尼亞音樂廳的建築師多明尼克(Lluís Domènech i Montaner)的另一件作品。

一出「感恩大道」地鐵站，就是不協調街區，之所以有著這樣的名稱，據說和聳立於上方的三棟建築有關：毗鄰而立的莫雷拉之家(Casa Amatler)和巴特婁之家(Casa Batlló)。(巴特婁之家詳見P.123)

有著階梯形山牆的阿瑪特勒之家是Josep Puig i Cadafalch的作品，閃閃發亮的山牆妝點著美麗的粉紅色圖案。

必逛重點

除了建築物，也別錯過附近富有當地特色的美術館和人氣商店。

安東尼·達比埃斯美術館
MAP P.109 D1
Fundació Antoni Tàpies

Lupo Barcelona
MAP P.109 D1

的紅磚屋頂猶如糾結著一團鐵絲的紅磚色建築，讓人搞不清楚它到底是否處於整修狀態。

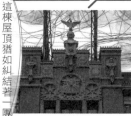

如何前往
地鐵2、3、4號線在Passeig de Gràcia站下，步行約3分鐘
info

🏛Carrer d'Aragó 255　☎487-0315
🕐10:00~19:00(週日至15:00)　❌週一、1/1、1/6、12/25~26　💲全票€12、優待票€8　🅾fundaciotapies.org　🎫2/11、5/18、9/24免費參觀

　這是一棟興建於1880~1885年的現代主義建築，由多明尼各(Lluís Domènech i Montaner)設計，原本為Montaner i Simon出版社，後來於1990年時改設為巴塞隆納最具創造力與吸引力的藝術中心，裡頭展出的正是這位巴塞隆納出生的安東尼·達比埃斯的作品。從它今日保存下來的格局，依舊可追憶昔日出版社的模樣。

如何前往
地鐵3或5號線在Diagonal站下，步行約2分鐘
info

🏛Carrer de Mallorca 257　☎68-918-5808
🕐週一至週六10:00~14:00、16:00~20:00　❌週日和假日
🅾lupobarcelona.com

簡潔的線條和精美的做工是Lupo的特色，每一季該品牌都會推出8款設計系列，兼具優雅與實用性。

　1988年由José María Morenote創立於巴塞隆納的Lupo，是西班牙皮式配件中的佼佼者，其家族從事皮件與手工皮箱等設計歷史，早在1920年代已開始。在義大利皮包博覽會拿下大獎的Abanico系列，是它聞名國際的代表作。

巴塞隆納：感恩大道與不協調街區

Casa Vives
MAP P.109 D1

店面大型櫥窗中，展示著千變萬化的手工巧克力、柑橘造型糖果裹上巧克力、比手指還長的巧克力棒…

如何前往
地鐵2、3、4號線在Passeig de Gràcia站下，步行約4分鐘
info

🏛Rambla de Catalunya 58　☎216-0269
🕐週一至週六08:30~20:30、週日09:00~15:00
🅾casavives.com

　可別以為感恩大道附近只有名牌和潮流服飾店，就在安東尼·達比埃斯美術館斜對面的街頭轉角，坐落著一家歷經四代傳承、歷史超過100年的糕餅糖果店，以它美味的甜點吸引眾人的目光，甚至還有一整個以巧克力製成的刺蝟蛋糕等；入內後選擇更多，就連空氣中都飄浮著巧克力的芬芳。

巴塞隆納最熱鬧的一條街道，全長1.2公里，無論何時總是充滿了人潮。

La Rambla

C. Pintor Fortuny →

Museu d'Art Contemporani →

Centre de Cultura Contemporània →

今日梧桐樹林立的徒步大道面貌，是19世紀時改建的結果。

造訪蘭布拉大道理由

1 繁華的行人徒步街

2 巴塞隆納地標聚集地

2 連接了新城區與舊城區的大馬路

至少預留時間
蒐集打卡景點：2小時
從街頭買到街尾：1天

地鐵1或3號線到Catalunya、Liceu、Drassanes等站下車

MAP
P.109
D2

蘭布拉大道
La Rambla

蘭布拉大道連接了加泰隆尼亞廣場與哥倫布紀念柱，蘭布拉的名稱來自於阿拉伯語，意思是「沙」，指的是一度於雨季時流淌於此的溪流河床，乾季時枯乾的河床則被當成道路使用，後來到了14世紀填上了鋪石路面，因而正式成為往來於舊城和港口之間的通道；今日這條大道則成為巴塞隆納最主要的一條商街。

巴塞隆納：蘭布拉大道

書報攤是蘭布拉大道的特色之一，而越往貝爾港(Port Vell)前進，開始出現紀念品攤位，週日時更增添熱鬧氣氛的露天藝術市集。

蘭布拉大道中間有著米羅設計的馬賽克人行磚，增添了活潑的氣氛。

DID YOU KnoW

聖喬治節 La Diada de Sant Jordi

加泰隆尼亞每年的4月23日都會慶祝聖喬治節，古時候男人會在這天送玫瑰花給心愛的女人，而女人會回贈一本書。蘭布拉大當天會擺滿了賣花和賣書的小攤子，而且也有很多作者會就地開辦簽書會。

4月23日剛好也是塞萬提斯與莎士比亞的忌日，送書的傳統會流行起來是因為書商為了紀念這兩大文豪而大力推行。加泰隆尼亞的書與花傳統逐漸廣為人知，聯合國教科文組織也於1995年把這天訂為「世界讀書日」。

怎麼玩蘭布拉大道才聰明？

看緊財物小心扒手

由於蘭布拉大道無時無刻都人潮洶湧，**扒手盛行**，提醒大家要**看緊隨身財物**，別被扒手盯上了。

串連加泰隆尼亞廣場與港口

蘭布拉大道連接了**加泰隆尼亞廣場**與靠近貝爾港的**哥倫布紀念柱**，如往南走沿路不僅有不少品牌商店及紀念品店可逛可買，還有**聖荷西市場、皇家廣場、河渠口廣場**等，到了貝爾港，更有優美的港灣景致值得駐足流連。

蘭布拉大道上的這些**充滿巴塞隆納特色的小店值得**你走進去看看～

 MAP P.109 D2 **Orolíquido**

如何前往

地鐵3號線到Liceu站下，步行約4分鐘

info

🏠Carrer de la Palla 8

📞302-2980

🕐11:00~19:00 休週日

🌐orolíquido.com

　喜歡橄欖油的人，千萬別錯過這家店，位於Plaça del Pi旁的巷子裡，這間不算小的店面裡琳瑯滿目地擺滿了各式各樣與橄欖相關的產品，店員總是非常得意地說，他們不但是全西班牙、也是全世界最獨一無二的橄欖用品專賣店。

店內的美容用品選擇眾多，都是由橄欖製造的，從頭到腳呵護身體，令人愛不釋手。

一整面牆壁上的壁櫃中放滿各種大小的素面涼鞋，等著按照客人的喜好加上花色。

 **MAP P.109 D2** **La Manual Alpargatera**

如何前往

地鐵3號線到Liceu站下，步行約4分鐘

info

🏠Carrer d'Avinyó 7　📞301-0172

🕐10:00~14:00、16:00~20:00

休週日　🌐lamanual.com

　Espadrille是一種自古以來流傳於地中海一帶的草編涼鞋，最常見的模樣是厚厚的船型底上方繫有一長條可綁在腳踝上的鞋帶。這家手工涼鞋專賣店創立於西班牙內戰後的1951年，隨著時代改變，老店以傳統手工技術融合時代風潮，產生了今日出現扣環以及各種鞋口的造型。店內後方的工作室中，可以看見師傅如何縫製涼鞋的經過。

沿著蘭布拉大道走，
還有不同風情的熱鬧廣場、菜市場可以逛。

巴塞隆納：蘭布拉大道

MAP
P.109
D2

加泰隆尼亞廣場
Plaça de Catalunya

如何前往

地鐵1或3號線到Catalunya站下

位於新、舊兩城中央的加泰隆尼亞廣場，是巴塞隆納的心臟地帶，巴士、地鐵、遊客中心、百貨公司與商店全都匯集於此，是當地最重要的地標之一，這裡也是巴塞隆納遊行、聚會的主要場所，更是每年舉辦跨年活動的地點。

由Josep Subirachs設計的Francesc Macià紀念碑，他是左派共和黨領袖以及巴塞隆納議員代表。

©flickr Fred Romero

Did YOU KnoW

噓～這裡有個重返巴塞隆納的秘訣！

蘭布拉大道從加泰隆尼亞廣場開始，第一段是迦納雷塔斯街 (La Rambla de Canaletes)，其名稱源自十九世紀的迦納雷塔斯(Canaletes)噴泉。傳說只要喝過迦納雷塔斯的泉水，將來就一定會重返這個城市，想二度重遊巴塞隆納的朋友們可別錯過了！

©flickr Alejandro Araujo Grande

北接感恩大道、南鄰蘭布拉大道，這座大廣場今日的模樣出現於1920年代，四周圍繞著雕像、噴泉與拱門。

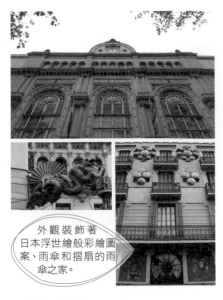

外觀裝飾著日本浮世繪般彩繪圖案、雨傘和摺扇的雨傘之家。

![MAP P.109 D2] **河渠口廣場**
Plaça de la Boqueria

如何前往

地鐵3號線到Liceu站下

　河渠口廣場位於蘭布拉大道的心臟位置，廣場中央有著米羅設計的馬賽克人行磚，增添了活潑的氣氛；一旁有同樣是米羅設計的雨傘之家(Casa dels Paraigües)，外觀是帶有東方色彩的裝飾，非常引人注目。隔著廣場對望的利休劇院(Gran Teatre del Liceu)，1994~1999年經過整修後，成為內部擁有最新設備的劇場。

利休劇院當初並非皇室出資興建，因此劇院內並未設立皇室包廂。

©Gran Teatre del Liceu

電影《香水》拍攝場景——百年草藥店！
雖然《香水》中描述的背景在巴黎，但實際上許多拍攝場景都在巴塞隆納及周邊小鎮完成。電影中男主角第一次到巴黎在街上被香味吸引的畫面，正是在皇家廣場拍攝，而香味來源的店鋪正是廣場旁的百年藥草Herboristeria del Rei，店中保持著近200年前的原始裝潢，也是加泰隆尼亞地區第一家草藥店。
🏠Carre Vidre 1 ☎62-452-3208 ⊙11:00~20:00 ⊗週日 💻www.herboristeriadelrei.com

這座廣場以位於中央的兩盞街燈聞名，它們是高第所設計出來的第一件公共藝術品喔！

拱廊下方也有許多餐廳和酒館。

![MAP P.109 D2] **皇家廣場**
Plaça Reial

如何前往

地鐵3號線到Liceu站下，步行約3分鐘

　位於蘭布拉大道旁的一條小巷弄內，你可能會被這座別具伊斯蘭教風情的廣場所吸引。廣場四周環繞著馬蹄型的拱廊，中庭內植滿棕櫚樹，還有一座小型噴泉。此外，夜晚也是街頭藝人在此聚集的時刻，不論是雜耍、音樂表演，或是街頭獻唱，通通可以在此欣賞到！

聖荷西市場
Mercat de Sant Josep de la Boqueria

MAP P.109 D2

如何前往

地鐵3號線到Liceu站下，步行約3分鐘

info

◎La Rambla 91 ☎413-2303 ◎週一至週六 08:00~20:30 ⊗週日 ⊕www.boqueria.barcelona

　　暱稱為La Boqueria的聖荷西市場，坐落於蘭布拉大道旁，這處巴塞隆納最著名的市集，歷史可追溯到西元1217年，一開始還只是一處位於舊城門旁的肉品攤位集市，過了很久之後政府當局決定在蘭布拉大道上興建一座主要容納魚販和肉販的獨立市場。此外，市場內還有好幾間小酒館，可以用便宜的價格品嚐到道地的Tapas。

逛到迷路了嗎？
別忘記看看店家號碼！

佔地廣大的聖荷西市場攤位琳瑯滿目，身為第一次來的觀光客轉來轉去不免迷失方向，也忘記剛剛有興趣的攤子在哪裡。別擔心！貼心的聖荷西市場每個攤位都有相應的編號，遇到想比價的攤位只要記下它的號碼，等一下就能順利找到它了！

「早起的鳥兒有蟲吃」是中外菜市場不變的真理～

雖然聖荷西市場營業時間很長，但跟台灣的市場一樣，最熱鬧的時段還是集中在上午，建議盡量於午餐時間前到訪，不僅攤位多，販售的商品也較新鮮！逛完還能順道在市場裡吃頓道地的午餐，完整體會巴塞隆納大廚房的各種風情！

聖荷西市場可說是遊客、背包族和當地人的廚房，不論是蔬果、火腿、麵包、家常料理…這裡一應俱全，口味道地且價格便宜！

巴塞隆納：蘭布拉大道

橫跨波浪狀木橋，搭配排列上千艘帆船與汽艇的汽艇碼頭，讓人感受到港口邊特有的風情。

碼頭邊有一座結合商店、餐廳以及舞廳的購物中心Maremàgnum，後方還有IMAX電影院，以及全歐洲最大的水族館，足足可以消磨一整天的時間。

從貝爾港出發的海港觀光遊船(Las Golondrinas)。

MAP P.109 D3

哥倫布紀念柱
Mirador de Colom

如何前往
地鐵3號線到Drassanes站下，步行約2分鐘

info

◉Plaça Portal de la Pau

☎285-3832 ⏰08:30~14:30

💲全票€7.2、優待票€5.4(網上訂票另有優惠)

🌐www.barcelonaturisme.com

　高達60公尺的哥倫布紀念柱於1882年奠基，歷經6年的時間才在1888年落成，成為巴塞隆納萬國博覽會(Exposición Universal de Barcelona)的重要地標，用來紀念美洲與加泰隆尼亞之間的貿易，而紀念柱所在的位置，就是這位航海家第一次從美洲歸來時所上岸的地方。

　紀念碑底端的青銅淺浮雕，描述哥倫布這趟旅行中的重要紀事。紀念柱的塔頂是一座觀景台，遊客可以搭電梯登頂，俯瞰巴塞隆納的市容。

高7.2公尺的哥倫布雕象位居柱頂，他的右手指著美洲大陸，左手則拿著美洲的煙斗。

紀念柱上方兩層分別是西班牙四大地區的擬人雕像以及與哥倫布相關的人物。

MAP P.109 D3

貝爾港
Port Vell

如何前往
地鐵3號線到Drassanes站下，步行約3分鐘

info

🌐portvellbcn.cat

　哥倫布紀念柱前的海港稱之為貝爾港，這座原本逐漸沒落的舊港口，在1992年時因奧林匹克運動會的舉辦而獲得新生，昔日閒置的倉庫、鐵路和工廠，搖身一變成為今日每年吸引成千上萬名遊客的複合式休閒場所。

建築工程費時幾百年　　　的大　　　教堂，
見證了巴塞隆納改朝　　　換代　　　的變遷。

王牌景點 **4**

巴塞隆納∶大教堂

大教堂的興建工作相當緩慢，教堂的主體建築1460年才落成，而最後完工、高達70公尺的中央尖塔，卻到1913年時才完成。

MAP
P.109
D2

大教堂
Catedral de la Santa Creu i Santa Eulàlia

暱稱為「La Seu」的巴塞隆納大教堂，以巴塞隆納的守護聖人聖尤拉莉亞(Santa Eulàlia)為名。

西元4世紀中葉時，曾是古羅馬人的大教堂，西元985年被入侵的摩爾人摧毀之後，一直到1298年時才在豪美二世(Jaume II)國王的令下，為這座哥德式的大教堂奠定基石。

而從側門離開大教堂後，別忘了回頭看，一座跨巷連接兩棟建築的主教橋(El Pont del Bisbe)，是哥德區最經典的代表。

造訪大教堂理由

1 巴塞隆納舊城的跨世紀地標

2 以怪物石雕(gargoyles)及養鵝聞名

3 連接兩棟建築的主教橋

DiD YOU KnoW

加泰隆尼亞的傳統節慶——
聖梅爾賽節(Festival de La Mercè)

巴塞隆納每年夏秋換季之時,會舉辦為期五天左右的聖梅爾賽節,以紀念當地的守護神聖梅爾賽(Mare de Deu de la Mercè),是巴塞隆納規模最大的街頭慶典。聖梅爾賽節的活動包括大型紙巨人(gegants i capgrossos)的遊行、類似疊羅漢的疊人塔(castell),以及火行儀式(correfocs)。

怎麼玩大教堂才聰明?

注意衣著規定

巴塞隆納大教堂的**衣著規定比其他教堂還嚴格**,女生不得穿短褲、短裙、背心,男生則不能穿膝蓋以上的短褲及背心入內,如果不想被擋於門外,出門前就先檢查一下當日的穿著吧!

從頂樓俯視巴塞隆納

位於教堂東北側的電梯可以上到教堂的屋頂,在這裡可以欣賞哥德區四周建築錯落的景致。

- 🏠 Plaça de la Seu
- ☎ 342-8262
- ⏰ 平日09:30~18:30,週六與宗教節日前夕09:30~17:15,週日與宗教節日14:00~17:00
- 💰 全票€14
- 🌐 catedralbcn.org

至少預留時間
教堂內部走透透:1小時
教堂周圍逛逛:1~2小時

地鐵4號線到Jaume I站下,步行約3分鐘

教堂內部共由一座主殿和28間側禮拜堂組成,昔日的古羅馬結構都已拆除,除了位於主祭壇下方的地下聖堂——聖尤拉莉亞禮拜堂除外,裡頭還供奉著這位聖人的石棺。

教堂一旁的中庭噴泉旁飼養著13隻鵝,象徵聖尤拉莉亞受難時的年紀。

👉 有此一說~

主教橋的詛咒傳說~

連接著自治區首長官邸Cases dels Canonges和加泰羅尼亞政府宮Palau de la Generalitat de Catalunya的主教橋由高第的助手知名建築師Joan Rubió y Bellver所設計。他原本是希望能執行哥德區大型重建的項目,但後來提案被駁回,唯一完成的項目只有這座橋而已,所以有傳說他在橋中心位置下放一邊是一個皇冠,一邊是個被匕首貫穿的骷髏頭,只要經過橋底時直視骷髏頭就會遭厄運,更有人說如果移除骷髏頭上的匕首,巴塞隆納將會消失。而消災解厄的方式就是到副主教府邸摸摸門口信箱上的烏龜!

既然都來到大教堂了，當然也要到國王廣場、新廣場一帶逛逛囉！

MAP P.108 C1

國王廣場
Plaça del Rei

如何前往

地鐵4號線到Jaume I站下，步行約3分鐘

國王廣場三面環繞著哥德式建築，曾經是巴塞隆納的權力中心。位於正中央的是昔日巴塞隆納公爵的府邸，14~15世紀時，變成阿拉崗國王的皇宮。面對皇宮左側的是總督府(Palau del Llotinent)，興建於16世紀，1853年改建為阿拉崗王國的檔案館，收藏西元9~18世紀的西班牙相關史料。

位於皇宮右側的，就是興建於14世紀的聖亞佳塔皇室禮拜堂(Capilla Real de Santa Ágata)，一旁聳立的是11~12世紀巴塞隆納公爵Ramon Berenguer El Gran的騎馬雕像。

皇宮前方有一道半圓弧形的階梯，通往宮內的堤內爾大廳(Saló del Tinell)。

總督府的一樓中庭開放參觀，可以欣賞穆德哈爾式的木雕天花板。

©Ricki Josep Bracons

高達18公尺的防禦塔，屬於西元4世紀古羅馬城Barcino城牆的一部分，一度和新廣場(Plaça Nova)上的城門連成一氣。

MAP P.108 C1

城市歷史博物館
Museu d'Història de la Ciutat

如何前往

地鐵4號線到Jaume I站下，步行約3分鐘

info

📍Plaça del Rei s/n

📞256-2100

🕐週二至週六10:00~19:00、週日與假日10:00~20:00 ❌週一、1/1、5/1、6/24、12/24~25 💰全票€7、優待票€5

🌐www.barcelona.cat/museuhistoria

♿每個月第一個週日、週日15:00後開放免費入場。

搭配模型、馬賽克鑲嵌和挖掘出土的文物，遊客得以勾勒出千年以前的生活面貌。

想要一探昔日古羅馬城Barcino風光的人，絕對不能錯過這間博物館！

搭乘電梯通往地下隧道，參觀者將進入一片隱藏於國王廣場甚至大教堂下方、廣達4,000平方公尺的地下世界，穿行其中，橫越西元前1世紀到西元6世紀。古羅馬城牆、大眾澡堂、葡萄酒窖與建築遺跡…此外，還可以參觀一旁的堤內爾大廳和聖亞佳塔皇室禮拜堂，以及俯瞰哥德區街景的瞭望塔。

把握星期天的免費時段！

還好城市歷史博物館每個月的第一個週日全天，以及每個週日15:00後可以免費參觀，既想探知巴塞隆納古羅馬城風光又想節省旅費的朋友們可別錯過這個好機會啊！

歷史遺跡散佈全巴塞隆納

國王廣場只是城市歷史博物館的其中一個據點，另外還有14個歷史遺跡可以參觀。值得一提的是一張門票可以參觀所有15個據點喔！

巴塞隆納：大教堂

MAP P.108 C1

新廣場
Plaça Nova

如何前往
地鐵4號線到Jaume I站下，步行約6分鐘

新廣場位於哥德區的北面，昔日稱為Barcino的它，四周曾環繞著一道城牆，不過如今只保留下西元4世紀的兩座用來防禦城門的半圓型塔樓以及一條橫向的通道。

如今，在這座寬敞的廣場上林立著咖啡館、飯店和餐廳，每週四還會舉辦骨董市集，它同時也是巴塞隆納傳統節慶的舉辦場所，屆時會熱鬧表演加泰隆尼亞的傳統舞蹈Sardanas。

隱藏在建築物外牆的畢卡索！

新廣場旁可發現一棟醒目的建築，正是加泰隆尼亞裝飾藝術中心Col·legi d'Arquitectes de Catalunya，建築物外牆上的壁畫是由畢卡索所創作，展現了他心目中的巴塞隆納，而北歐藝術家Carl Nesjar就根據畢卡索的速寫完成了現在牆上的外觀。

儘管撐起神廟的科林斯式石柱如今只留下3根，然而依舊可以想像這座興建於世紀的建築何其龐大。

MAP P.108 C1

奧古斯都神廟
Temple d'August

如何前往
地鐵4號線到Jaume I站下，步行約5分鐘

info
🏠Carrer del Paradís 10 ☎256-2122
🕐週一及假日10:00~14:00，週二至週六10:00~19:00，日10:00~20:00 🚫1/1、5/1、12/24~25 💰免費 🌐www.barcelona.cat/museuhistoria

大教堂後方的巷子裡，一棟哥德式建築低矮的拱門裡，竟隱藏著一座高大的羅馬神廟遺址！

這座起初為異教徒信仰中心的建築，扮演著Barcino這座古城的市民廣場，長達了4個世紀的時間，後來逐漸失去功能的它，經過多次的改建。在古羅馬時期，對於奧古斯都的崇拜不但獲得官方認可，同時該信仰和政治之間有著緊密的關係。事實上20世紀下半葉時，一度引發是否該將神廟遷往公共空間的爭議，不過最後它還是被保留在最初聳立的地方。

MAP P.108 C1

副主教府邸
Casa de l'Ardiaca

如何前往
地鐵4號線到Jaume I站下，步行約6分鐘
info
🏠Santa Llúcia 1 ☎256-2255
🕐8~9月平日10:00~19:00、週六10:00~20:00，10~7月平日09:00~20:45、週六10:00~20:00 🚫週日、假日 🌐ajuntament.barcelona.cat

坐落於新廣場另一側的副主教府邸，打從12世紀開始就是教會領導階層的住所，然而歷經時代的演進，經過多次改建，因而融合哥德式、文藝復興式等各個時期的風格。1895年律師協會Col·legi d'Advocats曾以此為家，如今為巴塞隆納的歷史檔案館(Arxiu Històric de la Ciutat de Barcelona)。

一旁，還可以看見一小段仿造一世紀時的古羅馬水道橋建築。

本世紀最偉大的畫家在西班牙最重要的美術館！

王牌景點 **5**

巴塞隆納：畢卡索美術館

畢卡索非常敬仰委拉斯蓋茲，重新用立體派畫風構圖詮釋《仕女圖》，並且畫了40多種版本。

MAP
P.109
E2

畢卡索美術館
Museu Picasso

館藏以畢卡索(Pablo Picasso)早期的創作為主，包括《初領聖體》(La Primera Comunío)、《科學與慈愛》(Ciència i Caritat)、《侍女》(Las Meninas)、《母親肖像》和《父親肖像》(Retrat de la Mare de l'Artista y El Padre del Artista)等。

從館藏4,000多幅的作品中，可以看到畢卡索如何從青澀邁向成熟、最後走出自己風格的畫風，透過素描、版畫、陶藝品、油畫等作品，畢卡索早期居住在巴塞隆納和巴黎時期的創作，以及晚年師法委拉斯蓋茲等大師名畫的解構畫作形成強烈對比，讓人見識到他貫穿現代藝術各流派的洋溢才華。

美術館是由五座建於13至15世紀的宮殿組成的。

造訪畢卡索美術館理由

1 畢卡索從青澀邁向成熟的旅程

2 畢卡索早期作品

3 擁有最大的畢卡索收藏

怎麼玩畢卡索美術館才聰明？

這些時段門票€0！

畢卡索美術館的免費時段為**每月第一個週日**、2/11、5/18、9/24、**5~10月週四19:00~21:00**；**11~4月週四16:00~19:00**。由於有人數管控，因此還是需要持票入場，記得先上網訂票喔！

提供語音、專人導覽

美術館提供**語音**和**專人**兩種導覽方式，透過專業的介紹，可以更了解畢卡索和他的作品哦。語音導覽價格€5~7，專人導覽價格€6。

ⓐCalle Montcada 15-23
☎256-3000
🕐5~10月09:00~20:00(週四~週六至21:00)；11~4月10:00~19:00
🚫週一、1/1、5/1、6/24、12/25
💲全票€13(線上€12)、優待票€7，可使用Articket BCN入場
🌐**museupicassobcn.cat**

至少預留時間
只看重點館藏：約0.5~1小時
專心看每一幅：2~3小時

地鐵4號線在Jaume I站下，步行約5分鐘

一張票參觀六間美術館Articket Barcelona

這張套票包含了參觀畢卡索美術館、米羅美術館、安東尼達比埃斯美術館、加泰隆尼亞美術館、巴塞隆納當代美術館及巴塞隆納當代文化中心(CCCB)的常設站與特展。如果有安排參觀這些美術館，不妨購買這張Articket，不只可以節省約45%的門票費用，也可以省去排隊的時間喔！
☎443-9470 💲€38，16歲以下免費 🌐**articketbcn.org**

既然來到畢卡索美術館，
就不能錯過的這些代表作～

畫中複雜的細節，如白紗和桌布的紋路，年紀小小的畢卡索有著如此成熟的畫功，可以和經驗豐富的藝術家不分高下，畢卡索的名氣也從此廣為人知。

《初領聖體》
La Primera Comuníon
1896年

這是畢卡索15歲時的作品，也是他在藝術界正式出道的作品。畫中的女孩是畢卡索的妹妹Lola，正在進行她的初領聖體儀式。這是天主教很重要的儀式，意味著孩子正式被教會接受，與我們所知的成年禮有異曲同工之處。

《侍女》
Las Meninas
1957年

畢卡索非常敬仰委拉斯奎茲，重新用立體派畫風構圖詮釋《仕女圖》，並且畫了44種版本，這幅是畢卡索畫的第一幅《仕女圖》。

原來的《仕女圖》是以公主為中心，而在畢卡索的版本裡卻有兩個主角，除了公主，另一個是身形巨大且不成比例的畫家，畢卡索藉此表示畫家本人在藝術的產生過程中是最重要的。右下角出現的小狗是畢加索的愛犬Lump。

Did YOU KnoW

現在常見的《和平鴿》
原來出自畢卡索之手！

畢加索的父親也是畫家，父親教他畫的第一件事情就是畫鴿子，所以他從小就畫了無數只鴿子。畢加索於1949年創作的版畫《鴿子》，其實是朋友亨利·馬諦斯(Henri Matisse)真的送了他一隻鴿子，沒想到成為了和平的象徵，甚至被選為同年巴黎世界和平大會的宣傳海報。畢加索也為之後幾屆的世界和平大會創作不同版本的鴿子形象，自此和平鴿的形象便流傳於全世界。

只耗費55年就完工，
全巴塞隆納僅存的加泰隆尼亞哥德式教堂。

主殿非常寬敞、高大，然而內部裝飾簡樸，只有一根根八角形的柱子撐起高聳的肋拱。

©MacVerity Gidland

在教堂的大門上，裝飾著昔日興建教堂的運石工雕刻，模樣相當可愛。

✟ MAP P.109 E2 **海上聖母教堂**
Basílica de Santa Maria del Mar

如何前往

地鐵4號線到Jaume I站下，步行約5分鐘

info

⌂ Plaça de Santa María 1　☎ 310-2390

⏱ 週一至週六10:00~18:00，週日13:30~17:00

⊛ 教堂免費，全票€5、含塔樓€10

🌐 www.santamariadelmarbarcelona.org

　完全以加泰隆尼亞哥德式風格興建的海上聖母教堂，興建於14世紀，當時是巴塞隆納海上貿易繁榮的年代，國王豪美二世下令在這處海洋與大陸的交界、中世紀城市的商業中心興建一座教堂，而它日後也成為每位出海的水手或遊人出航前向聖母祈求平安的地方。

🔊 **找找看～彩繪玻璃窗上竟然有巴塞隆納足球隊的隊徽！**
海上聖母瑪莉亞教堂曾於60年代為破損的彩繪玻璃窗進行整修，當時巴塞隆納足球隊俱樂部慷慨捐出10萬西幣(pesetas)贊助，所以教堂在新修的彩繪玻璃放上巴塞隆納塞足球隊的隊徽作為感謝，本來就色彩豐富的隊徽也完美融入其中，下次參觀教堂時不妨仔細找找看喔！

加泰隆尼亞新藝術的建築地標，每年有超過300,000人到此一遊！

造訪加泰隆尼亞音樂廳理由

1 唯一一座被列為世界遺產的音樂廳

2 白天採取自然光線的表演廳

3 從表演者和工作人員的視角看音樂廳

巴塞隆納：加泰隆尼亞音樂廳

Palau de la Música Catalana

MAP
P.109
E2

加泰隆尼亞音樂廳
Palau de la Música Catalana

這座造型奇特的音樂廳聳立於狹窄的巷弄間，興建於1905~1908年的它，由高第同時期的另一位現代主義建築大師多明尼各(Lluís Domènech i Montaner)設計，原本只是一座為當地著名的合唱團Orfeo Català使用的表演場所，現在卻成為巴塞隆納市立管弦樂團長期表演的音樂廳。

這些半身像分別是帕萊斯特里納(Giovanni Pierluigi da Palestrina)、巴赫（Johann Sebastian Bach)及貝多芬(Ludwig van Beethoven)。

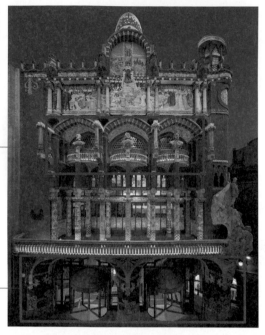

裸露的紅磚建築外觀裝飾了色彩繽紛的馬賽克，三根粗大的柱子猶如象腿般支撐著建築的立面。

怎麼玩
加泰隆尼亞音樂廳
才聰明？

提早安排導覽行程

導覽行程每場都有**人數限制**，最好**預先購票**，甚至享有優惠。

也有不跟導覽的選擇

如果想入內參觀，又不想跟著團隊走的話，也可以選擇**€18**的自由行，另有可自備耳機與行動裝置的語音導覽**€22**，時間請參考官網。

巴塞隆納：加泰隆尼亞音樂廳

表演廳上方鑲嵌著的大型彩繪玻璃圓頂，代表著太陽和天空，是歐洲唯一白天採取自然光線的表演廳。

出自Miquel Blay之手的浮雕，以加泰隆尼亞民謠為主題，上方的寓言人物受到Sant Jordi的保護。

至少預留時間
參加導覽行程：55分鐘
欣賞演出：至少75分鐘

地鐵1、4號線到Urquinaona站下，步行約3分鐘

ⓘ

🏠C/ Palau de la Música 4-6
☎295-7200
🕐英文導覽行程每天09:00~15:00，每1小時一梯次，另有中文導覽行程，場次請參考官網
🎫表演視演出和座位而異
💲全票€22、優惠票€11~16，線上購票加手續費€1
🌐www.palaumusica.cat
❗音樂廳內嚴禁拍照

音樂廳充滿加泰隆尼亞現代主義(modernismo catalán)的元素：雕刻、馬賽克、彩繪玻璃以及鑄鐵藝術。

歡迎光臨**米羅**的奇幻世界，
一起來解讀米羅的**色彩與符號**！

位居巴塞隆納的高處，這棟明亮、創新的建築以偌大的窗戶將室內外的光線與景色互通，可以感受到輕鬆又富於現代感的氣氛。

至少預留時間
順遊猶太丘景點：約半天　進入米羅的世界：2小時

MAP P.108 B2

米羅美術館
Fundació Joan Miró

　這座位於猶太丘上的米羅美術館，由他的好朋友Josep Luis Sert設計，原本是一座基金會，1975年時才以博物館之姿對外開放。

　這裡可說是全球收藏米羅作品最完整的地方，包括有雕塑、版畫、繪畫、素描等作品多達千件，其中包括展出於米羅廣場上大型雕塑《女人與鳥》(Mujer y Pájaro)的模型、《星座》(Constellations)系列等。

◎55、150號公車到猶太丘
◎地鐵1、3號線到Espanya站下，步行約30分鐘
◎地鐵2、3號線到Paral-lel站下，轉蒙居易纜車(Funicular de Montjuïc)上山

🏛Parc de Montjuïc s/n
☎443-9470　🕐10:00~20:00(週日至19:00)
🚫週一(假日除外)、1/1、12/25~26
💰常設展全票€15、優待票€9，可使用Articket BCN入場
🌐www.fmirobcn.org

造訪米羅美術館理由

1 最完整的米羅作品收藏

2 可以俯瞰巴塞隆納景觀

3 順遊加泰隆尼亞美術館及西班牙村

© Fundació Joan Miró, Barcelona

米羅美術館也舉辦現代藝術展覽，以及一些現代音樂會、座談會等活動。

© Fundació Joan Miró, Barcelona

怎麼玩米羅美術館才聰明？

多媒體導覽

長達**2小時**的線上多媒體導覽除了介紹米羅的30部作品外，也包含一些米羅基金會未出版的作品、私人收藏的照片等，記得自備耳機與行動裝置。

天台雕像

© Fundació Joan Miró, Barcelona

參觀了內部，離開前別忘了也看看天台上的雕像們！

© flickr Chris Palmer

俯瞰巴塞隆納景觀

猶太丘(Montjuïc)上有座城堡，以前用來監管政治犯和行刑的地方，如今作為展覽廳使用。城堡的**觀景台**可以以360°欣賞巴塞隆納。

米羅的超現實異想

米羅在後印象派、野獸派及立體派的交相激盪下，加上自己的創意而成為超現實主義運動的重要成員；他和畢卡索是終生好友，兩人互相影響、互相刺激，讓西班牙同儕藝術家們在20世紀初的畫壇占有重要地位。

幻想加非理性加童趣是米羅所有創作的主軸，夢、宇宙和性是他源源不斷創作的題材；單純的色彩和個人獨有的語言符號組成米羅個人的世界，對抽象主義影響很多。米羅晚年更放棄繪畫，改用大型雕塑來表達他的藝術主張，也嘗試許多實驗性的作法，包括撕紙等，讓人不得不佩服他的創作精力，這一點媲美他的好友畢卡索。

一張票參觀六間美術館

購買Articket Barcelona可以同時參觀米羅美術館、畢卡索美術館、安東尼達比埃斯美術館、加泰隆尼亞美術館、巴塞隆納當代美術館及巴塞隆納當代文化中心(CCCB)的常設展與特展，詳見P.149。

周邊景點

逛完富有現代感的米羅美術館，
猶太丘(Montjuïc)上還有充滿中世紀氣息的
加泰隆尼亞美術館及西班牙村…

巴塞隆納：米羅美術館

MAP
P.108
B2

加泰隆尼亞美術館
Museu Nacional d' Art
de Catalunya

如何前往

從米羅美術館，步行約10分鐘

info

📍Passeig de Santa Madrona 39

☎423-2149

🕐週二至週六09:30~19:00，週日10:00~14:30

🚫週一(假日除外)、1/1、5/1、12/25

💶全票€7、優待票€5，可使用Articket BCN入場

🌐www.mac.cat

🎫每月第一個週日、2/12、4/23、5/18、9/11、
9/24免費

以宏偉的西班牙廣場為前景，加泰隆

尼亞美術館收藏了加泰隆尼亞地區珍貴的11~13世紀羅馬藝術品，是對中古世紀藝術與建築感興趣的人，不可錯過的必訪之地。

20世紀初期，考古學家在加泰隆尼亞地區發現了大量的中世紀遺跡與藝術，於是文化組織和教會便開始將教堂內的壁畫、聖物，統一搬運到中央作研究，誕生了日後的加泰隆尼亞美術館。在這裡，可以細細欣賞為數眾多、來自庇里牛斯山附近教堂的珍貴中古世紀藝術壁畫，尤其是聖克里蒙特教堂(Iglesia de San Clemente)的《全能的基督》(El Pantocrátor)！

其他展品還包括祭壇畫、宗教雕像，以及哥德時期甚至現代藝術作品。

©Flickr Sharon Mollerus

美術館是1927年時為了1929年巴塞隆納世界博覽會所興建的宮殿。

順道來看魔法噴泉(Font Màgica de Montjuïc)～
魔法噴泉就離美術館不遠，每年都吸引了250萬人來觀看它的水舞燈光秀！這座噴泉白天的時候看起來和一般的的噴泉無異，到了晚上就好像被施了魔法一樣，可以呈現出七千萬種水舞燈光組合，還會搭配各種音樂進行表演。每一次表演搭配的音樂都不一樣，可以先上網查詢當天的「演奏曲目」是不是你喜歡的音樂類型！
📍Plaça de Carles Buïgas 1　🕐4~5月、9~10月週四至週六21:00~22:00，6~8月21:00~22:00，11~3月週四至週六20:00~21:00　🚫1/6~2/16　🌐www.barcelona.cat　❗每月表演時間不一，旱季時暫停表演，請參考官網

©Flickr Josep Bracons

西班牙村像一座巨型的小人國或九族文化村，讓遊客不需耗時費工，就能深入西班牙各處，幻想自己身在當地的情景。

如果你在西班牙沒有太多的時間，不妨抓個數小時遊覽，趙西班牙村！

西班牙村
Poble Espanyol

MAP
P.108
A2

如何前往

從米羅美術館，步行約20分鐘。地鐵1、3、8線至Espanya站，步行約11分鐘

info

⌂Av. de Francesc Ferrer i Guàrdia 13

☎508-6300

⌚西班牙村10:00~00:00(週一至20:00)；工作坊3~4月10:00~19:00，5~10月10:00~20:00，11~2月10:00~18:00

$全票€15、優待票€10、語音導覽€3.5，網路購票另有優惠

🌐poble-espanyol.com

同樣為了1929年的世界博覽會而建，這座主題樂園集結了西班牙境內17個地區最有特色的建築，包括阿維拉的城牆、安達魯西亞的中庭與白色房舍、塞哥維亞的伊莎貝爾式建築，以及卡薩雷斯的15世紀豪宅等等。博覽會結束後，這些被保留下來的建築成了供應各地料理的餐廳以及手工藝坊，不但可以大啖美食，還能近距離欣賞製作藝品的手藝，是看熱鬧與購買紀念品的好地方。

巴塞隆納還能怎麼玩？西班牙最大修道院、蒙瑟瑞特山、達利金三角各自都很精采！

MAP
P.109
F2

Torre Glòries

如何前往

地鐵1號線到Glòries站下

info

Avinguda Diagonal 211

Torre Glòries 在2017年以前被稱為阿

格巴塔(Torre Agbar)，是代表當代巴塞隆納的標誌之一。由法國建築師尚·努維爾(Jean Nouvel)設計的Torre Glòries有38層樓高，以蒙瑟瑞特山(Montserrat)為創作靈感，寓意著間歇泉上升到空中的景象。

外層的玻璃讓建築物本身的色彩透出來，在陽光下分外耀眼；太陽下山後，建築裡的燈光放射出來，又是另一番風情。

巴塞隆納：延伸行程

由600,000片玻璃組成的塔樓，充滿前衛的科技感。

這座塔樓的詭異造型引來不少聯想，使它有了「手榴彈」、「膠囊」等綽號。

聖保羅醫院是一座擁有26間分棟式建築的花園，1997年被列名世界文化遺產。

每棟建築都像是座小小的馬賽克城堡，充滿了摩爾風情。

MAP P.109 F3

聖十字暨聖保羅醫院
Hospital de la Santa Creu i de Sant Pau

如何前往
地鐵5號線到Sant Pau Dos de Maig站下，步行約5分鐘

info
🏠 Carrer de Sant Antoni Maria Claret 167
📞 511-7876
🕐 09:00~18:30(11~3月至17:00)
🚫 12/25
💰 全票€17、語音導覽€4、專人解說導覽€21，優待票7折
🌐 santpaubarcelona.org
🎫 4/23、9/24以及博物館之夜免費

Did YOU KnoW

多明尼哥對政府八角街區無聲的抗議！

當時擴建區的房子由於是政府對於都市計畫的規定，只能蓋成東北-西南向，就連造型前衛的聖家堂也不例外，但如果仔細觀察就會發現聖十字聖保羅醫院是坐北朝南，與周邊八角街區格格不入，傳說這正是多明尼哥為了抗議市政府過於制式的八角街區規劃所刻意安排的呢！

連結聖十字聖保羅醫院與聖家堂的「高第大道」

在聖十字聖保羅醫院大門前可一路通往聖家堂，讓兩大加泰隆尼亞代表性建築師多明尼哥與高第的傑作對望輝映，這條路也是當初高第去世後從醫院出殯到聖家堂安葬的道路，所以為了紀念高第這條路就被命名為「高第大道」(Avinguda Gaudí)！

設計莫雷拉之家的建築師多明尼克(Lluís Domènech i Montaner)堅信分棟式病房、新鮮空氣、綠意環繞、豐富的色彩和藝術，才是對病人具有療效的最佳醫療環境。值得一提的是，在這家醫院尚未改建之前，擁有600年歷史的聖十字醫院在20世紀初還是一棟坐落於貧民區的老舊醫院。高第被電車撞倒後，就是送進這家醫院進行急救，但最後還是回天乏術。目前遊客可進出醫院大門和中庭花園，但請勿進入各棟建築及喧嘩。

波布列特修道院
Monestir de Poblet

MAP P.107

如何前往

從Passeig de Gràcia火車站搭乘前往塔拉戈納(Tarragona)的地方列車，於L'Espluga de Francolí站下，車程約2小時20分鐘(時刻表可上www.renfe.com查詢)，後轉搭計程車前往，修道院距離火車站約4公里

info

☎ 97-7870089

🕐 週一至週六10:00~12:30、15:00~18:30，週日10:00~12:30、15:00~18:30(9月中~6月中至18:00)

🚫 1/1、6/30、12/25~26以及聖週四、耶穌受難日、復活節星期一

💰 全票€8.5、優待票€6.5

🌐 www.poblet.cat

❗ 語音導覽記得攜帶耳機與行動裝置

這座距離巴塞隆納約2小時車程的修道院，是西班牙最大的修道院之一，始建於12世紀，建築形式介於羅馬式與哥德式之間，直到13世紀才完工。1991年時被指定為世界文化遺產。

由於這座修道院一直都由王室和貴族支持、捐助，所以自1196年起，加泰隆尼亞王室成員都選擇長眠於此，波布列特修道也被指定為皇室陵寢。

精通於葡萄酒的修道士們！

波布列特修道院屬於天主教中名為「熙篤會」的派別，重視律己嚴格、清貧樸實且修士一律吃素，強調自給自足與勞力工作，農業成為修士們的生活主軸，他們研究葡萄品種並加以改良，也使得葡萄酒的釀造技術大為精進，在歐洲各地的熙篤會修士們可說都是釀製葡萄酒的專家呢！

雕成於16世紀初的主祭壇屏風是加泰隆尼亞文藝復興早期的先驅作品。

樸實的中庭，可以見到許多拱頂、渦形紋及美麗的柱頭和多樣的窗櫺，以及美麗的六角形噴泉。

主祭壇前的十字穿廊上，有兩座彷彿空橋的雕刻，正是1950年由雕刻家馬列斯(Frederic Mares)重建的皇帝陵寢。

聖母修道院矗立在陡然凸出大地約1,236公尺高的蒙瑟瑞特山上，與其說它是山，其實更像是一塊巨石。

修道院附設的宗教音樂學校，是歐洲最古老的音樂學校之一，只接收男童。

蒙瑟瑞特山
Montserrat
MAP P.107

如何前往
◎從Pl. Espanya火車站搭乘R5、往Manresa的FGC鐵路列車，於Monistrol de Montserrat站下車，車程約70分鐘，平均每小時1班車（www.fgc.cat），後轉搭登山列車Cremallera（www.cremalleirademontserrat.cat）前往修道院，車程約15分鐘

◎搭乘FGC列車在前一站Montserrat Aeri下，後轉搭纜車Aeri（aeridemontserrat.com）上山前往修道院，車程約5分鐘，平均每15分鐘一班車。另有其他結合巴塞隆納地鐵和郊區交通的套票，詳情逕洽火車站或加泰隆尼亞鐵路公司：www.fgc.cat

聖母與孩童耶穌雕像的臉部和手部，因釉藥產生化學變化，加上長期煙燻，故有「黑面聖母」之稱。

若想欣賞蒙瑟瑞特山的奇景，不妨搭小台車上Sant Joan峰頂，欣賞居高臨下的視野。

info
☎877-7766（聖母修道院）

🕐聖母修道院附設教堂07:00~20:00；黑面聖母寶座08:00~10:30、12:00~18:25；男童合唱團公演平日13:00，週日和假日12:00、18:45

🌐www.montserratvisita.com、abadiamontserrat.cat（聖母修道院）

距離巴塞隆納38公里，這座猶如許多根指頭黏在一起的怪山，經由數千萬年的造山運動以及沈積和下沈等作用，形成長10公里、寬5公里的壯觀山頭，因而被命名為「鋸齒山」。

蒙瑟瑞特是加泰隆尼亞的神聖光環之一，而該修道院之所以成為加泰隆尼亞人的精神依靠，全都得歸功於這尊膝上坐著孩童耶穌的聖母像。所有人都相信，只要瞻仰黑面聖母（La Mare de Déu或La Moreneta）的面容並摸摸她右手上拿著的球，就能得到平安與祝福，因此瞻仰的人龍往往長達數十公尺，要排30分鐘以上才能如願！

Did YOU KnoW
高第建築聖家堂時的靈感來源！

蒙瑟瑞特山由大自然鬼斧神工造成的奇特外貌，據聞正是崇尚自然線條的高第在設計聖家堂時的靈感來源，加上蒙瑟瑞特山因聖母修道院坐落在此被稱為聖山，在在顯示出它在巴塞隆納人心中的神聖地位！

達利劇院美術館
Teatro-Museo Dalí

建築上的雕像頭上頂著或手上舉著的是長條麵包，達利認為麵包是個能超越自由想像的象徵。

info

🏠 Gala-Salvador Dalí Square 5, Figueres
📞 97-2677500 🕐 10~6月10:30~17:00；7~8月
09:00~19:00；9月09:30~17:00 📅每年不一，請
參考官網 💰 9~6月全票€17、優待票€14；7~8月
全票€21、優待票€16。現場購票另加€2 🎫博物
館在夏季會在開放夜間參觀一個月，每年時間不
一，請參考官網 🌐 www.salvador-dali.org

　位於巴塞隆納以北130多公里處的菲格
列斯(Figueres)是超現實主義大師薩爾瓦
多・達利(Salvador Dalí)的家鄉，他於1974
年時將家鄉的老劇場改建成達利劇院美
術館。

　達利有心將他的劇院美術館視為一整
件藝術作品，總共花了13年的心血參與美
術館的成立工作，從展館到展出的作品內
容，都是達利的嘔心瀝血之作，再加上其
他同領域藝術家的作品，使得它成為超現
實主義裡最重要的美術館之一。

風之宮(Palau del vent)天花板的壁畫是達利夫婦踏入天堂的情景，中間只有兩雙大腳丫，躺著欣賞就好像看著他們升天。

近看這幅畫中間是加拉的背影，但如果你往後退20公尺，你就會看到林肯的畫像！

大紅色壁面的城堡、屋頂上的巨型白蛋和小金人，非常搶眼，像極了童話故事中的城堡！

美術館的另一看點是梅·韋斯房間(Mae West Hall)，達利用家具設計了「一間看起來像梅·韋斯小姐的臉的房間」。

達利以人體器官設計的珠寶飾品非常繁複擬真，有些飾品甚至結合了馬達，會自行擺動。

薩爾瓦多·達利的畫風

從古典出發卻顛覆古典，教人想忽視達利都不行。

達利領導的超現實主義著重毫無保留地揭露自我，實踐之道就是將自己的性幻想及恐懼全盤攤在畫布及創作上，非常偏執狂、神經質。

達利最著迷的是佛洛伊德對夢及潛意識的各種著作及理論，他的妄想狂就是以佛洛伊德的學說發展出混合著記憶、夢境、心理及病理的表達方式。

👆喜愛達利的畫迷不可錯過「達利金三角」(El triangle dalinia)！

藝術迷熟知的「達利金三角」，是指將Figueres、Portlligat以及Púbol這三個城鎮連接起來所形成的三角區域。Figueres是達利的故鄉及他安息的地方，Portlligat是達利長期居住的地方，而達利則在Púbol買了一座城堡送給妻子加拉(Gala)。為了紀念這位偉大的藝術家，這三個地方都設立了對外開放的博物館——Figueres的「達利劇院美術館」、Portlligat的「達利故居」以及Púbol的「加拉達利城堡」。
🌐www.salvador-dali.org

巴塞隆納：延伸行程

達利故居
Casa Salvador Dalí

這裡是達利長期生活和工作的地方，也是他唯一的固定住所，一直到妻子過世後，他才搬到Púbol居住。Cadaqués是達利小時候的避暑勝地，他的畫中常常可以看到Cadaqués的海岸線，由此可見達利非常喜歡這裡，也是他的創作靈感來源。

達利故居分為三個部分：達利夫婦生活的空間、達利藝術創作的空間以及戶外空間。和屋主的奇葩個性一樣，達利故居的設計和一般的房子不一樣，是以迷宮的方式修建的，每個空間都獨一無二，想要一窺達利的內心世界，絕對要到此一遊！

📍Portlligat, E-17488 Cadaqués ☎97-2251015 🕐10:30~18:00(最後入場17:10) 🚫每年不一，請參考官網 💲全票€15~18、優待票€12~14 ❗須事先訂票，且每十分鐘分批入內參觀

加拉是達利的繆斯女神，達利極為迷戀她，許多畫作都以她為模特兒，如《蜜蜂的飛行》、《原子的麗達》等。

加拉達利城堡
Castillo Gala Dalí

達利對妻子的愛是一般人無法理解的，他將一座11世紀的古堡送給妻子加拉，作為她與世隔絕的私人居所，連達利也需要妻子的書面邀請才可以拜訪。

達利購買城堡時，城堡因長期無人居住，已經破損不堪，這卻正合達利的想法，因此在重建的過程，保留了部分城堡的痕跡。達利曾說過：「我心甘情願地裝飾天花板，因為每當加拉睜開雙眼，她就可以看到我親手為她打造的天空。」加拉過世後，達利曾在這裡居住一段時間，後來因為一場火災受傷，才搬到劇院博物館度過餘生。

📍Plaza Gala Dalí, E-17120 Púbol-la Pera ☎97-2488655 🕐11~1月初、3~3月中10:30~16:00，3月中~6月、9月初~11月初10:30~17:30，7~9月初10:00~18:00 🚫1月初~2月，每年不一，請參考官網 💲7~8月全票€11、優待票8(不含導覽)，9~6月全票€8、優待票€7，現場購票另加手續費€2

用餐選擇

來到這裡一定要嚐嚐傳統的加泰隆尼亞料理，有時間不妨也到當地酒館坐坐！

七扇門
Restaurant 7 Portes

加泰隆尼亞及地中海料理

🏠 **Passeig Isabel II, 14**

從1836年開幕至今的七扇門，是全巴塞隆納最古老的餐廳，這裡有著7扇對大眾敞開的大門，特殊的名稱由此而來。由於每到用餐時間門外就大排長龍，建議想要在這裡用餐還是事先訂好座位。

七扇門利用自然的當季食材，提供道地的加泰隆尼亞及地中海風味料理為主，招牌的米飯料理料多味美，口味選擇眾多。酒單琳瑯滿目，甚至有專門合作的酒商幫忙生產七扇門商標的餐酒。顧客留言本也非常風光，米羅、多位國王與皇后、伍迪艾倫、麥可道格拉斯等名人都曾是座上客。

🔺P.109E3 🚇地鐵4號線到Barceloneta站下，步行約4分鐘 ☎319-3033 🕐13:00~00:00 💻7portes.com

El Xampanyet

酒館

El Xampanyet 白酒搭配鰻魚 Tapas 約€6.5 推薦菜

🏠 **Carrer de Montcada 22**

這間位於海上聖母教堂附近的小酒館總是高朋滿座，擠滿了當地人。El Xampanyet是店內招牌酒的名稱，是一種加上碳酸飲料的白酒，喝起來甜甜的非常好喝，讓人忍不住一杯接著一杯。店內供應的Tapas琳瑯滿目，千萬別錯過鰻魚，由於沒有菜單，如果不知如何點或擠不進吧台，可以請服務人員代為搭配。該酒吧打從1930年代開始便由同一個家族經營至今，裡頭裝飾著色彩繽紛的瓷磚與酒桶，洋溢著老酒館的熱絡氣氛。

🔺P.109E2 🚇地鐵4號線到Jaume I站下，步行約7分鐘 ☎319-7003 🕐12:00~15:30、19:00~23:00(週一早上、週六晚上休息) 🚫週日

海鮮燉飯 paellas 約€28 推薦菜

Did YOU KnoW

Tapas的由來

Tapas原本是一片用來蓋著酒杯的麵包，以避免飛蟲掉進杯子裡，後來演變成加了肉片、起司等材料的下酒菜。

關於Tapas的由來有三種說法，一種是以前有個國王身體不好只能吃小口的食物，所以下令所有酒吧都要提供類似的餐點。第二種說法是國王為了防止工人喝醉，因此喝酒時都要配上吃的才行。還有一種說法是認為工人吃得少，工作才比較有效率。

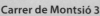

四隻貓
Els Quatre Gats
文青餐廳

Carrer de Montsió 3

主餐
€21起
推薦菜

這家餐廳由著名建築師普意居(Josep Puig i Cadafalch)所設計,20世紀初期是崇尚自由的波希米亞人與藝術家的聚會場所。餐廳的名稱取自加泰隆尼亞文「quatre gats」,意思是「幾乎無人」,說穿了就是表揚波希米亞式咖啡廳成功地在巴塞隆納立足!人們今日稱它為「四隻貓」,這家創立於19世紀末的歷史餐廳,第一份菜單還是由當時年輕的畢卡索所設計的!餐廳內的陳設總會令人回味到巴塞隆納文化與藝術的精華時期,鑄鐵的招牌與路燈、彩色磁磚、彩繪玻璃窗…洋溢著巴塞隆納現代主義的獨特風情。

P.109D2 地鐵1、4號線到Urquinaona站下,步行約5分鐘 302-4140 週二至週六11:00~00:00,週日12:00~17:00 休週一 www.4gats.com

午間當日特餐
€14.4
推薦菜

Le Quinze Nits
時尚餐廳

Plaça Reial 6

坐落於皇家廣場上,Le Quinze Nits是La Rita的姊妹店,也是蘭布拉大道附近最熱門的餐廳之一,平日午餐時段同樣推出€15上下的當日特餐,大排長龍自然也是它常見的景象,經常在餐廳尚未開始營業前就已經有人在外等著用餐。料理以地中海風味為主,搭配時尚的氣氛和現代的呈現手法,晚餐同樣採單點制。

P.109D2 地鐵3號線到Liceu站下,步行約3分鐘 317-3075 09:00~23:30 andilana.com/locales/les-quinze-nits

La Rita
時髦餐廳

Carrer d' Aragó 279

午間當日特餐
€14.4
推薦菜

這間位於感恩大道附近的時髦餐廳,是參觀米拉之家或巴特婁之家時最棒的用餐地點之一,由於平日中午推出€15上下的當日特餐,因此就連當地人也喜歡到此大快朵頤一番,因此想在午餐時間前往La Rita用餐,一定要做好排隊的準備。套餐包含前菜、主菜和甜點,以及飲料和麵包,每道菜都有約3種選擇,前菜包括沙拉、湯品或義大利麵,主菜則有多種肉類可供選擇,就連甜點也不例外。餐廳晚上和週末採單點制,預算會比中午套餐多上一倍左右。

P.109E1 地鐵2、3、4號線到Passeig de Gràcia站下,步行約2分鐘 487-2376 13:00~16:00、20:00~23:00 andilana.com/locales/la-rita

Pinotxo Bar
老字號酒吧

海鮮料理
約€10.5起
推薦菜

Carrer del Compte d'Urgell 1 Mercat de Sant Antoni 18-19-20-21

原位於聖荷西市場的老字號酒吧Pinotxo Bar,後搬遷至聖安東尼市場(Mercat de Sant Antoni),店內專門運用當天運送到的最新鮮食材——尤其是鄰近海域捕獲的生猛海鮮,以簡單手法現場烹調出一道道美味的料理,很多座上客其實都是本地居民,價格實惠又充滿當地的生活趣味。

P.109C2 地鐵2號線到Sant Antoni站下,步行約2分鐘 317-1731 08:00~16:30 休週日至週一 pinotxobar.com

Tapa Tapa
小酒館

Tapas €2.75 推薦菜

 Passeig de Gràcia 44

從店名就不難得知，該餐廳主要提供Tapas，每天都有多達50多種的下酒小菜供人選擇，除了傳統的可樂餅、炸花枝圈到馬鈴薯煎餅外，還有一些創新口味，遊客可以直接看菜單上的圖片挑選。天氣晴朗時，Tapa Tapa會在感恩大道上擺設露天座位，讓客人可以一邊用餐一邊欣賞這條美麗大道上的風光。

P.109D1 地鐵2、3、4號線到Passeig de Gràcia站下，步行約2分鐘 488-3369 平日07:30~00:00(週五至00:30)，週末09:00~00:00(週六至00:30) tapataparestaurant.com

銀行家酒吧
Banker's Bar
酒吧

Banker's Martini、Green Lady、White Cosmopolitan 調酒€18~24 推薦菜

 Passeig de Gràcia 38-40(位於東方文華飯店內)

東方文華飯店的前身是一幢銀行的樓房，銀行家酒吧因此得名，不僅如此，酒吧的牆壁上刻意保留著保險箱，饒富趣味。銀行家酒吧的酒單相當豐富，除了各式葡萄酒、氣泡酒、烈酒外，更有眾多雞尾酒，不少還是特地為了這間酒吧而研發調製的。當然也有豐富的Tapas小菜好下酒助興。

P.109D1 地鐵2、3、4號線到Passeig de Gràcia站下，步行約2分鐘 151-8782 05:00~01:00(週五~週六至02:00) www.mandarinoriental.com/en/barcelona/passeig-de-gracia

---

週日早午餐 約€65 推薦菜

Blanc Brasserie & Gastrobar
國際料理、地中海料理

 Passeig de Gràcia 38-40(位於東方文華飯店B1)

巴塞隆納東方文華飯店的主餐廳，位於地下室樓層，從早餐就開始忙碌。餐廳裝潢和座椅分屬不同的風格，包括高背扶手椅、慵懶的沙發、東方的屏風等，搭在一起居然也非常調和，就像這個國家把不同文化融合出自己的特色一般。開放式的廚房，提供各種國際口味的餐點，包括傳統地中海菜色，以及來自東方國家的佳餚。

P.109D1 地鐵2、3、4號線到Passeig de Gràcia站下，步行約2分鐘 151-8783 07:00~23:00(週日早午餐13:00~15:00) www.mandarinoriental.com/en/barcelona/passeig-de-gracia

品嚐菜單 €175起 推薦菜

Moments
地中海料理

 Passeig de Gràcia 38-40(位於東方文華飯店內)

位於巴塞隆納東方文華飯店裡的Moments餐廳，主打地中海料理，是由知名的米其林主廚Carme Ruscalleda和她的兒子Raül Balam共同主持，被評定為米其林二星，無疑是巴塞隆納最頂級的餐廳之一。Carme Ruscalleda截至目前為止共獲得了7顆星，是世界上獲得最多米其林星星的女性大廚。Moments以高雅的金色和琥珀色為主調，廚房設有大面玻璃牆，可讓食客們清楚看見美味烹調的過程。

P.109D1 地鐵2、3、4號線到Passeig de Gràcia站下，步行約2分鐘 151-8781 週六午餐13:00~14:00，週二至週六晚餐20:00~21:00 週日、週一 www.mandarinoriental.com/en/barcelona/passeig-de-gracia

同場加映

離開巴塞隆納
的周邊小旅行

加泰隆尼亞區除了充滿建築藝術作品的巴塞隆納，瀰漫古羅馬氣氛的塔拉戈納也值得一去，塔拉戈納在羅馬歷史中有著舉足輕重的地位。再沿著海岸線往南走，親自走訪西班牙三大城市之一的瓦倫西亞，也別錯過每年3月舉辦的西班牙大節慶——火節(Las Fallas)！

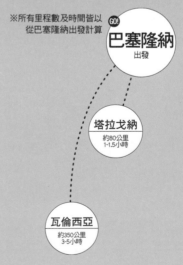

※所有里程數及時間皆以從巴塞隆納出發計算

GO!
巴塞隆納
出發

塔拉戈納
約80公里
1-1.5小時

瓦倫西亞
約350公里
3-5小時

法國 Francia
安道爾 Andorra
潘普隆納 Pamplona
聖瑟巴提恩 San Sebastián
韋斯卡 Huesca
菲格列斯 Figueres
蒙瑟瑞特山 Montserrat
薩拉戈薩 Zaragoza
吉羅納 Girona
Soria
波布列特修道院 Monestir de Poblet
巴塞隆納 Barcelona
塔拉戈納 Tarragona
特魯埃爾 Teruel
昆卡 Cuenca
Castellón de la Plana
馬約卡島 Mallorca
帕馬 Palma
瓦倫西亞 Valencia
伊比薩島 Ibiza
巴利亞利群島 Illes Balears
Albacete
弗門特拉島 Formentera
阿利坎特 Alicante
穆爾西亞 Murcia
地中海 Mar Mediterráneo

去一趟車程不到2小時，
一日遊剛剛好

\ 推薦1 /

距離巴塞隆納
約80公里

車程
1~1.5小時

MAP P.167

塔拉戈納
Tarragona

如何前往

◎火車

從巴塞隆納的聖哲火車站搭AVE、ALVIA、EUROMED和TALGO等前往塔拉戈納，車程約在33~80分鐘之間，平均每10~40分鐘就有一班車。塔拉戈納有兩個火車站，一個是鄰近舊城的塔拉戈納火車站(Estación Tren de Tarragona)，另一個則是位於塔拉戈納城外10公里處的塔拉戈納郊區火車站(Estación del Camp de Tarragona)。從巴塞隆納出發的EUROMED和區域火車停靠塔拉戈納火車站，由此步行約10~15分鐘可以達舊城；至於從馬德里或巴塞隆納搭乘高速火車AVE、快速列車ALVIA或

ARCO的人，都會在郊區火車站下車，由此須搭乘Plana公司的巴士前往位於新城的巴士總站(Estación de Autobuses de Tarragona)，平均每45~120分鐘一班車。

·西班牙國鐵

🌐www.renfe.com

·Plana巴士

🌐empresaplana.cat

◎長途巴士

從巴塞隆納搭乘AIsa巴士前往塔拉戈納，車程約1.5小時。巴士站位於新城的塔拉戈帝國廣場(Plaça Imperial Tarraco)上、新蘭布拉大道底端，步行前往舊城約20分鐘。

·Alsa巴士

🌐www.alsa.es

info

◎塔拉戈納旅遊服務中心 Oficinas Municipales de Turismo de Tarragona

📍Calle Major 37

☎977-250-795

◎週一至週六10:00~14:00、15:00~17:00(3月下旬~6月下旬至18:00，復活節週至19:00)，週日與假日10:00~14:00

🌐www.tarragonaturisme.cat

🚫1/1、12/25~26

塔拉戈納是今日黃金海岸的中心，也是昔日羅馬人征服伊比利半島的基地，如今被劃分成兩區：上城(La Part Alta)和新城(Centre Urbà)，兩者之間以徒步大道新蘭布拉(Rambla Nova)為界線。城牆圍繞的上城是昔日羅馬人苦心經營的舊城，依舊瀰漫著中世紀的氛圍，也是塔拉戈納的參觀重點。至於新城，則是車水馬龍的熱鬧景象，展現了加泰隆尼亞第二大港的真實面貌。

往塔拉戈納郊區火車站

老古騎步道 Muralles (Passeig Arqueològic)

塔拉戈帝國廣場
🔵Plaça Imperial Tarraco

🚌巴士站

大教堂
🔵Catedral

C. d'Estanislau Figueres

主街 C. Major

ℹ️Plaça de la Seu

舊蘭布拉大道 Rambla Vella

大會堂廣場
🔵Plaça del Fòrum

Av. de Rámon i Cajal

統治者府邸與馬車競技場
🔵Pretori i Circo Romans

國王廣場
🏛️Plaça del Rei

國立考古學博物館
🏛️Museu Nacional Arqueològic

Via Augusta

C. de Pons d'Icart

新聞市拉大道 Rambla Nova

C. de Soler

圓形競技場
🔵Amfiteatro Romà

Baixada de Toro

C. de Sant Agusti

塔拉戈納

塔拉戈納火車站
🚉Estación Tren de Tarragona

地中海

🔵景點 ✚教堂 🔵廣場 🏛️博物館 🚉火車站 🚌巴士站 ℹ️遊客中心

Highlights：在塔拉戈納，你可以去～

如今只剩下競技場的遺址向世人證明曾經的繁榮與輝煌。

1 圓形競技場
Amfiteatro Romà
圓形競技場除了上演令人熱血沸騰的格鬥士戰或人獸戰，這裡也是執行死刑的場所。西元259年時，迫害天主教徒的羅馬皇帝瓦勒良(Publius Licinius Valerianus)將當時塔拉戈納主教Fructuous以及他的執事Augurius和Eulogius在此活活燒死，然而風水輪流轉，當天主教成為西班牙的國教後，這座競技場的部分石頭被拿來興建紀念3位殉教者的教堂。
🅰P.168 🚶從塔拉戈納火車站步行約10分鐘 🏠Parc de l'Amfiteatre romà ☎977-242-579 ⏰4~9月平日09:30~21:00，週末10:00~15:00(週六至21:00)；10~3月平日09:00~18:30，週末09:30~14:30(週六至18:30) 🚫週一、1/1、1/6、12/24~26、12/31 💲全票€5、優待票5折。另有與其他6個羅馬古蹟的聯票€15 🌐www.tarragona.cat/patrimoni/museu-historia

古羅馬節重現熱血沸騰的格鬥士戰鬥！
五月的古羅馬節(Tarraco Viva)是造訪圓形競技場的最佳時機！節日時當地充滿古羅馬時代的慶典氣氛，競技場也會再現羅馬時代的格鬥表演，歡迎遊客們扮演羅馬帝國的子民！

2 國立考古學博物館
Museu Nacional Arqueològic
這間博物館收藏了塔拉戈羅馬城的大量回憶：古羅馬城牆、古建築遺跡、繪畫、織品、雕刻、碑文、陶器、珠寶和錢幣，其中還有一系列西元1世紀時的黑白馬賽克鑲嵌，甚至還有從鄰近海域撈起的船錨，相當有趣。
🅰P.168 🚶從塔拉戈納火車站步行約15分鐘 🏠Plaça del Rei 5 ☎977-236-209 ⏰10~5月週二至週六09:30~18:00、週日和假日10:00~14:00；6~9月週二至週六09:30~20:30、週日和假日10:00~14:00 🚫週一、1/1、5/1、12/25~26 💲全票€4.5、優待票€3.5 🌐www.mnat.cat ❗關閉整修中，部分館藏暫時移至塔拉戈納港口的Tinglado 4

馬車競賽場據推測可容納3萬人，許多部分仍掩蓋於四周19世紀的老建築下方。

3 統治者府邸與馬車競技場
Pretori i Circ Romà
這裡曾是羅馬統治者的官邸，16世紀成為加泰隆尼亞一阿拉崗國王的皇宮，之後還一度當作監獄使用。在羅馬帝國時期，這座塔樓的下方曾有一道連接大會堂和下城的階梯，這條地下通道藉由馬車競賽場連接兩者。
🅰P.168 🚶從塔拉戈納火車站步行約15分鐘 🏠Plaça del Rei - Rambla Vella ☎977-221-736 ⏰4~9月平日09:30~21:00，週末10:00~15:00(週六至21:00)；10~3月平日09:00~20:00，週末09:30~14:30(週六至20:00) 🚫週一、1/1、1/6、12/24~26、12/31 💲全票€5、優待票5折。另有與其他6個羅馬古蹟的聯票€15 🌐www.tarragona.cat/patrimoni/museu-historia

同場加映：離開巴塞隆納的周邊小旅行

④ 大會堂廣場
Plaça del Fòrum
塔拉戈納是羅馬帝國統治下的行省首府，共擁有兩座大會堂，一個是位於Calle Lleida上的殖民地大會堂，另一個則是部分位於今日舊城大會堂廣場上的行省大會堂。每逢帝國舉辦重要節慶、列隊歡迎皇帝、每年選舉祭司等重要活動時，都是在行省大會堂舉行，它扮演了該行省的政治、經濟中樞。
ⓘP.168 ⓟ從塔拉戈納火車站步行約18分鐘

大會堂到了中世紀時開始被四周逐漸出現的房舍淹沒，如今只能從廣場上剩餘的一小段城牆追憶其歷史。

同場加映：離開巴塞隆納的周邊小旅行

Did YOU KnoW
城牆的材質道出古城歷史！
這面古城牆被清楚劃分出三層：最下層的大石塊、中間層的羅馬特有石材，以及具中世紀特色的石礫上層，這樣的層次道出塔拉戈納依序被羅馬人、西哥德人以及伊斯蘭教等不同族群所佔領的歷史。

中世紀時改建的主教塔是考古學步道的看點之一，另一看點是立著伊比利半島最古老的羅馬碑文的米納瓦塔。

大教堂融合了哥德式建築特色，形成了今日從旁得以窺見的龐大結構。

⑤ 大教堂
Catedral de Tarragona
塔拉戈納大教堂坐落於一座昔日羅馬神廟的遺址上，如今仍有一大部分保存於大教堂的迴廊中。迴廊的入口處有一間博物館和一座獻給塔拉戈納守護聖人Santa Tecla的祭壇，後者描繪該聖人的一生。
此外，迴廊中還收藏了年代回溯到西元13世紀的雕刻作品，被認為是加泰隆尼亞地區最佳的羅馬藝術品之一。
ⓘP.168 ⓟ從塔拉戈納火車站步行約20分鐘 ⌂Pla de la Seu ☎977-226-935 ⓣ3～10月週一至週六09:30~19:00，週日13:30~19:00(7～8月每日至20:00)；11～2月平日09:30~17:00，週六09:30~18:00 ⓧ1～2月週日 ⓢ全票€11、優待票€5.5~8.5，導覽全票€14、優待票€8.5~11.5 ⓤcatedraldetarragona.com

⑥ 考古學步道
Passeig Arqueològic
坐落於舊城最北邊的考古學步道，是西元前2世紀的城牆一部分，界定出這座古羅馬城的邊界，同時也是西方世界中除義大利之外最古老的羅馬建築。城牆歷經多次整建，16~18世紀間，城牆以壁壘加固，為了對抗當時的大砲，英國人還替它加了一道外牆保護，而考古學步道就蜿蜒於兩者之間。
ⓘP.168 ⓟ從塔拉戈納火車站步行約20分鐘 ⌂Av. Catalunya s/n ☎977-245-796 ⓣ4～9月平日09:30~21:00，週末10:00~15:00(週六至21:00)；10~3月平日09:00~18:30，週末09:30~14:30(週六至18:30) ⓧ週一、1/1、1/6、12/24~26、12/31 ⓢ全票€5、優待票5折，另有與其他6個羅馬古蹟的聯票€15 ⓤwww.tarragona.cat/patrimoni/museu-historia

去一趟車程大約3~5小時，兩天一夜慢慢玩

兩天一夜的行程

\推薦2/
距離巴塞隆納
約350公里
車程
3~5小時

瓦倫西亞

瓦倫西亞現代美術館
Institut Valencia d'Art Modern

Plaza del Carmen

C. Ripalda

C. Santo Tomás

C. Pintor Zariñena

C. de Quart

Jardins del Turia

C. Blanquerías

Plaza de los Fueros

塞拉諾城樓
Torres de Serranos

C. de Serranos

C. Landerer

C. Jurists

聖母廣場
Plaza de la Virgen

孤苦聖母教堂
Basílica de la Virgen de los Desamparados

大教堂
Catedral

Plaza de Nápolesy Sicilia

Pl. de la Reina

C. Pintor López

Puente de la Trinidad

C. Caballeros

絲綢交易中心
La Lonja

Plaza del Mercado

C. Mantes

C. del Mar

C. Guillem Sorolla

中央市場
Mercat Central

C. Guillem Sorolla

Paz

C. del Poeta Querol

N

C. de Quevedo

Av. Barón de Cácer

Vincent Martir

C. de Sijn

Puente de la Trinidad

市政廳廣場
Plaza del Ayuntamiento

Av. de Marqués de Sotelo

Passeig Russafa

C. de Pasqual y Genís

Colón

Museo Fallero

往火節博物館

Xàtiva

火車站

A

◎景點 ✚教堂 🏬商店
◎火車站 ◼廣場 🏰城堡
ℹ遊客服務中心

MAP P.167

瓦倫西亞
Valencia

如何前往

◎火車

從巴塞隆納的聖哲火車站搭乘長程特快列車EUROMED、TALGO等前往瓦倫西亞，車程約在3~5小時之間，平均每一小時就有一班車。

地區火車會停靠北火車站(Estación del Nord)，往北沿著Avenida Marqués de Sotelo步行約5分鐘，就可以抵達市中心的市政廳廣場(Plaza del Ayuntamiento)。

巴塞隆納出發的EUROMED，停靠位於瓦倫西亞西邊的新火車站Estación Valencia Joaquín Sorolla，由此可在附近搭乘地鐵1、5號線前往市區，或是憑火車票搭乘前往北火車站的免費接駁巴士。

· 西班牙國鐵

🌐www.renfe.com

◎長途巴士

從巴塞隆納的北巴士站Estació d'Autobusos Barcelona Nord搭乘Alsa巴士公司的車前往，車程約4小時，每天約9班車次。

巴士站位於市區西北方的Avda. Menendez Pidal，可搭乘95或C2號巴士前往市區。

·Alsa巴士

⊕www.alsa.es

◎瓦倫西亞觀光卡Valencia Tourist Card

想要好好參觀瓦倫西亞的人，也可以購買瓦倫西亞觀光卡，可在效期內任意搭乘巴士、地鐵、電車等大眾交通工具，享有各重要景點門票折扣，以及參加旅遊行程的優惠。

⊙於遊客中心或官網上購買

⑤24小時€15、48小時€20、72小時€25、7天(不含交通)€15，網上購買另有優惠

⊕www.visitvalencia.com

◎瓦倫西亞觀光巴士Valencia Tourist Bus

瓦倫西亞亦有雙層的觀光巴士，分兩條路線繞行全市區的重要勝景，可在效期內任意上下車、換

路線搭乘，夏季每30分鐘一班次、冬季每45分鐘一班。

⊙可於官網、遊客中心或上車購票

⑤紅線24小時全票€22、優待票€11；48小時全票€24、優待票€12；綠線24小時全票€21、優待票€10；48小時全票€22、優待票€11

⊕www.visitvalencia.com

◎瓦倫西亞旅遊服務中心

Tourist Info Valencia

⊙Paz 48　☎96-398-6422

◔3～10月平日09:30～18:30，週六09:30～18:00，週日及假日10:00～14:00；11～2月10:00～18:00(週日及假日至14:00)

休1/1、1/6、12/25

⊕www.visitvalencia.com

◎市政廳遊客服務中心

⊙Plaza del Ayuntamiento 1

☎96-352-4908

◔3～10月平日09:00～18:00，週六09:00～17:30，週日及假日10:00～14:00；11～2月週一至週六09:30～17:30，週日及假日10:00～14:00

休1/1、1/6、10/9、12/25

瓦倫西亞緊鄰地中海，融合了羅馬人、摩爾人以及阿拉伯人的文化，令瓦倫西亞享有其他城市不曾擁有的繁榮與光彩。如今的瓦倫西亞雖已退卻光環，但溫和的氣候、廣袤綠野、悠長海景一如往昔，每年3月中旬舉行的火節(Las Fallas)更一年一度喚醒人們的注意力。它或許不是遊客造訪西班牙的首站，但肯定不會在行程表上缺席！

Highlights：在瓦倫西亞，你可以去～

1 絲綢交易中心
La Lonja de la Seda

位於瓦倫西亞市中心的交易中心(La Lonja)因應鼎盛的絲綢商賈，於1483年2月5日落成啟用，其後歷經整建，成就今日的規模。這幢見證歷史的古建築，無疑是哥德式建築的完美表徵，每道細節都呈現創意與實用的結合。

🅿P.171A1 🚶從市政廳廣場步行前往約10分鐘可達。 🏠 La Lonja de la Seda ⏰10:00~19:00(週日和假日至14:00) 🚫1/1、1/6、5/1、12/25 💲全票€2，週日及假日免費入場 🌐www.visitvalencia.com

轟立在廳內的石柱呈螺旋狀，象徵著扭纏的船繩和絲絹。

自外牆伸出的28座出水口，仿自傳說中的魔怪，造型極盡誇張，導水功能無懈可擊。

交易中心迄今仍不脫商貿氣息，每週日在正廳定時舉辦錢幣及郵票交易市集，不妨親臨參與買賣。

瓦倫西亞版的油條豆漿！

發源於瓦倫西亞的特殊飲料Horchata，主原料是當地產的油莎草塊莖，另外加上水和糖的冰飲，當地常見的吃法是搭配長條麵包Fartons一起食用，跟台灣的油條豆漿有異曲同工之妙，在中央市場看到不妨嘗試看看吧！

同場加映：離開巴塞隆納的周邊小旅行

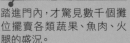

踏進門內，才驚見數千個攤位擺賣各類蔬果、魚肉、火腿的盛況。

Did You Know

從法庭到監獄 一條龍的設計！

為了因應當時繁盛的貿易行為，這裡設置了西班牙第一座貿易法庭，並且於地下建有關押犯人的地牢，被判刑的欠債商人在審判有罪後就會直接被送入監獄，用來解決當時多如牛毛的貿易糾紛！

2 中央市場
Mercat Central

這座市場在1928年就開門營業了，是歐洲數一數二的大型市場，你若想採買物資，或貼近當地風情，中央市場無疑是最好的選擇。這裡的物品齊全價廉，精力旺盛的小販尤其能讓你見識西班牙式的熱情，絕對能令你笑顏盛開，滿載而歸。

🅿P.171A1 🚶從市政廳廣場步行約10分鐘 🏠Plaza Ciudad de Brujas, s/n ☎96-382-9100 ⏰週一至週六07:00~15:00 🚫週日 🌐www.mercadocentralvalencia.es

緊倚教堂左側的八角形鐘樓(Torre del Miguelete)是瓦倫西亞的地標，樓頂可看到360度的環視市景。

©flickr public

③ 大教堂
Catedral de Valencia

入口三座大門透露大教堂曾歷經滄桑：年歲最大的Puerta del Palau採羅馬式風格，舉行水利法庭(Tribunal de las Aguas)的使徒門(Puerta de los Apóstoles)則屬於哥德式，至於主大門卻是另一種巴洛克風格。

附設於大教堂的博物館擁有許多珍品，最引人注目的是南翼禮拜堂所收藏的瑪瑞杯，這只杯子傳說正是耶穌在最後的晚餐中所使用的聖杯。

🔺P.171A1 🚶從市政廳廣場步行約10分鐘 🏠Plaça de l'Almoina, s/n ☎96-391-8127 🕐博物館週一至週六10:30~17:30，週日和假日14:00~15:30(7~9月至18:30)；鐘樓10:00~18:45 💲全票€9、優待票€6(包含參觀教堂與博物館)，鐘樓全票€2.5、優待票€1.5 🌐catedraldevalencia.es

教堂內的主禮拜堂以金、銀、翡翠、藍寶裝飾，極盡華麗之能事，毫不掩飾地展現大教堂恢弘的地位。

同場加映：離開巴塞隆納的周邊小旅行

📖 水利法庭(Tribunal de Las Aguas)

使徒門前舉行的水利法庭於2009年被列為非物質文化遺產，8位作風及穿著嚴謹肅穆的法官，於每週四中午12點準時開庭，為農民裁決灌溉用水問題。有意一睹水利法庭開庭的遊客請提早前往，若逢風調雨順，法庭無案可議，當場會立即宣告散會。

信徒每年5月的第二個週日，信徒在當天舉著聖母遊行。

©flickr Emilio Garcia

©flickr Jocelyn Kinghorn

𝓓𝓲𝓭 𝙔𝙊𝙐 𝙆𝙣𝙤𝙒

聖母像雕刻家的傳奇故事！

據說當初教堂建好後尚缺一尊聖母像，突然有一天三位神秘的年輕人前來表明希望以雕刻聖母像為代價換取食宿，僅僅過了三天，教堂人員要詢問進度時，只見房內留下這尊手抱聖子的莊嚴聖母像，而三位年輕人則消失的無影無蹤…

④ 孤苦聖母教堂
Basilica de la Virgen de los Desamparados

聖母教堂的主禮拜堂呈橢圓形，Antoni Palomino巧繪頂棚禮讚聖母，典雅的聖母雕像手持權杖、披著長袍，慈愛地懷抱著聖子俯視眾生。立於兩側的Saint Vicent Martir及Saint Vicent Ferrer出自Esteve Bonet之手，同樣深受市民崇仰。

🔺P.171A1 🚶從市政廳廣場步行約12分鐘 🏠Plaza de la Virgen s/n ☎96-391-9214 🕐07:00~14:00、16:30~21:00 💲免費 🌐basilicadesamparados.org

同場加映：離開巴塞隆納的周邊小旅行

右上角豎排文字：
塞拉諾城樓由Pere Balaguer建於1392~1398年，哥德式的裝飾為這處軍事要塞平添幾許柔雅，這在當時為一大創舉，直到今日仍是全歐知名的範例。

(5) 塞拉諾城樓
Torres de Serranos

11世紀時，回教徒以現今大教堂為城中心，建立起第一道城牆，到了1365年，King Pedro IV再築12道厚實的城門，自此奠定瓦倫西亞獨霸一方的聲威。後來1865年因實施都市規劃整建郊區，如今僅留下塞拉諾城樓和奎爾特城樓(Torres de Quart)見證當年歷史。

🅿P.171A1 🚌可搭乘6、16、26、28、94、95、C2等號巴士，在Torres de Serranos站下車。🏠Plaza de los Fueros s/n ☎96-391-9070 🕙10:00~17:30(週日至13:30) 休1/1、1/6、5/1、12/25 💲全票€2，週日及假日免費入場 🌐www.visitvalencia.com

重大慶典法雅節的開幕地點！

塞拉諾城樓雖然已是古城牆的一段遺跡，但在當地人心中仍具有象徵性的地位，每年3月，號稱西班牙三大節慶的法雅節(las Fallas)正是在此由市長與當年的法雅公主們一起宣布節慶開始，由此可知城樓的重要性！

身價不斐的法雅公主(fallera)們！

法雅節每年會選出成人與兒童共26名的法雅公主(fallera)作為法雅節的宣傳與代言人物，公主們除了是節慶的大明星，還可以留名歷史，所以是該地區女孩們夢寐以求的榮譽頭銜，但法雅公主身價不斐啊！法雅公主們每次出場都是身著瓦倫西亞傳統服飾，而一套正統的法雅服動輒要價2,000歐元以上！

(6) 火節博物館
Museo Fallero

如果錯過了每年3月13日至3月19日的瓦倫西亞火節(Las Fallas)盛會，別遺憾，火節博物館收藏了歷年來的慶典細節，包括照片、資料、海報以及塑像等。歷年除了獲選第一名的佳作外，所有耗盡藝術家心血的塑像一律都在3月19日午夜獻身火海。

🅿P.171A2. 🚌可搭公車25、95號在Alcalde Reig站下 🏠Plaza Monteolivete 4 ☎96-208-4625 🕙10:00~19:00(週日與假日至14:00) 休週一、1/1、1/6、5/1、12/25 💲全票€2、優待票€1。週日及假日免費 🌐www.visitvalencia.com

右側豎排文字：
火節博物館內的藏品都是獨占鰲頭的傑作，值得細心觀賞！

(7) 瓦倫西亞現代美術館
Institut Valencia d'Art Modern

瓦倫西亞現代美術館以西班牙首座現代藝術館闖下名號，躋身西班牙重量級美術館之林。美術館由Emilio Giménez和Garlos Salvadores聯手打造，館內長期展出當地雕刻家Julio González和畫家Ignacio Pinazo Camarlench的作品。

🅿P.171A1 🚌可搭乘公車C1在美術館門口IVAM站下車 🏠Guillem de Castro 110 ☎96-317-6600

🕙10:00~19:00(週五至20:00) 休12/24~25 💲全票€5、優待票€2.5 🌐ivam.es 🎫週三16:00~19:00、週日免費入場

同場加映

安達魯西亞風情之旅
Andalucía

行經安達魯西亞，放眼望去，清一色白牆瓦頂的民宅，依著地形起起落落，星羅棋布在山隈水涯，每個村鎮各有各的美麗，成為安達魯西亞獨特的風情。

一碧如洗的藍天、隨丘陵起伏的橄欖園、在陽光下閃閃發光的白色建築、結實纍纍的橙黃柑橘……這是安達魯西亞最常見的風光，如果說這是西班牙的寫照，似乎也不為過，畢竟今日許多遊人對於這個陽光國度的印象，大多落在源自此區的佛朗明哥舞、鬥牛和雪莉酒，甚至大名鼎鼎的阿爾汗布拉宮上。

安達魯西亞即使曾經被腓尼基人、古羅馬人和西哥德人統治過，最後被天主教雙王收復，卻因為被伊斯蘭教政權統治長達8個世紀，使得它成為伊比利半島上最具異國風情的區域：塞維亞、哥多華和格拉那達等城市，至今仍洋溢著濃厚的混血情調；往更南的地方走去，星羅棋布於山間、海濱的白色小鎮，是這一區熱門的度假勝地。

從佛朗明歌舞、Tapas、鬥牛到聖週活動，都讓造訪過的遊客回味無窮！

王牌景點 ❶

安達魯西亞：：塞維亞

造訪塞維亞理由
① 佛朗明哥舞的發源地之一
② 《冰與火之歌》取景於此
③ 西班牙文藝復興的重要城市

塞維亞
Sevilla

塞維亞由伊比利人創建，先後被羅馬人和摩爾人攻陷，直到1248年才被費南度三世(Fernando III)收復為天主教的領域。長期接受伊斯蘭教藝術的洗禮，塞維亞依然留下許多摩得哈爾式建築，成為西班牙文藝復興的重要城市。如今塞維亞扮演著捍衛安達魯西亞文化的角色，攀爬大教堂的鐘塔俯瞰這座城市、在西班牙廣場追憶20世紀初美洲博覽會的盛況、甚至在春會期間參與西班牙最熱鬧的盛宴…這些都是遊客在塞維亞不可錯過的體驗。

◎P.176

當地交通往返市區
從聖胡斯塔火車站
(Estación de Santa Justa)
◎搭乘32號巴士前往終點站化身廣場(Plaza de la Encarnación)，由此可步行前往市中心景點。
◎搭乘C1號巴士前往聖塞巴斯提安普拉多巴士總站。
◎搭乘經過火車站的機場巴士，前往位於阿卡乍堡(Alcázar)附近的赫雷斯門(Puerta de Jerez)。
◎搭計程車是前往市區最方便的方式，從火車站到大教堂大約€10。
從聖塞巴斯提安普拉多巴士總站
(Estación de Autobuses de Prado de San Sebastián)
車站位於塞維亞大學(Universidad de Sevilla)附近，往返安達魯西亞其他大小城鎮的中程巴士幾乎都停靠於此，由此可步行前往各景點。

從阿瑪斯廣場巴士總站(Estación de Autobuses de Plaza de Armas)
車站位於省立美術館(Museo Provincial de Bellas Artes)附近，往返馬德里、巴塞隆納和里斯本等長程線巴士主要停靠於此，從這裡步行前往大教堂約20分鐘。

佛朗明哥舞表演場

塞維亞是佛朗明哥舞的發源地之一。Tablao是遊客可以輕鬆欣賞佛朗明哥舞的場所，有些地方用餐和表演同時進行，有些則先用餐再看表演，但熱門Tablao的常常爆滿，建議可先向旅客服務中心或旅館洽詢及訂位。

・Los Callos
創立於1966年，全塞維亞歷史最悠久的佛朗明哥表演場地，有許多一線舞者前來表演。
🌐 www.tablaolosgallos.com

・Casa de la Memoria
位於18世紀的貴族宅邸中，夜間在中庭露天演出的表演氣氛滿點。
🌐 casadelamemoria.es

・Tablao Álvarez Quintero
小小、不華麗的表演會場，然而舞者美妙的姿態和動人的樂音讓人深感純粹的震撼。
🌐 www.tablaoalvarezquintero.com

・El Arenal
創立於1975年，曾被《紐約時報》譽為塞維亞最專業的佛朗明哥表演。
🌐 tablaoelarenal.com

怎麼玩塞維亞才聰明？

隨上隨下觀光巴士
City Sightseeing Hop-on Hop-off Bus

只要持有有效的車票，24或48小時內可不限次數搭乘雙層巴士，沿途停靠14站，並提供16種語言的語音導覽。共有3種套票可以選擇：Iconic、Supreme、Ultimate，票價分別為€26、€31、€40。
🕙 10:00~21:00
🌐 city-sightseeing-spain.com/en/1/seville

塞維亞觀光巴士
Tour por Sevilla y Triana

©flickr Elliott Brown

只要持有有效的車票，限時內可不限次數搭乘雙層巴士，沿途停靠15站，並提供9種語言的語音導覽。
購買一張票可任選4種行程：Tour Monumental、Tour Romántico Iluminada以及Barrio de Santa Cruz Tour、Barrio de Triana Tour，票價為全票€25及優待票€13，網路訂票另有優惠。
🕙 4~10月10:00~20:00，11~3月10:00~19:00，全程5小時
🌐 www.busturistico.com

安達魯西亞：塞維亞

◎ 從馬德里的阿托查火車站搭乘高速火車AVE和長程特快列車ALVIA前往，車程約2.5小時，平均每30~60分鐘一班。
◎ 從格拉那達搭乘中程火車MD前往，車程約3小時，每天約4班車。
◎ 從哥多華搭乘高速火車AVE、AVANT或中程火車MD前往，車程約45~85分鐘，平均每6~30分鐘一班。
・西班牙國鐵
🌐 www.renfe.com

◎ 從馬德里的南巴士總站搭乘Socibus巴士公司的車前往，車程約6小時，每天約8~11班。
◎ 從巴塞隆納搭乘Alsa巴士公司的車前往，車程約16小時，一天2班。
◎ 從格拉那達或哥多華出發，車程各需約3~3.5小時或2~2.5小時。
・Alsa巴士 🌐 www.alsa.es
・Socibus巴士 🌐 socibusventas.es

塞維亞省旅遊局
📍 Plaza de Triunfo 1
📞 95-478-7578
🕙 週一至週五09:00~19:30，週末和假日09:30~15:00
🌐 www.andalucia.org

聖胡斯塔火車站遊客中心
📍 Avenida Kansas City s/n(火車站內)
📞 95-478-2002
🕙 週一至週五09:00~19:30，週末和假日09:30~15:00
🌐 www.andalucia.org

賽維亞市立旅遊局
📍 Avenida de las Delicias 9
📞 95-547-1232
🕙 週一至週五10:00~14:00
🌐 www.visitasevilla.es
🕙 週末、1/1、1/6、12/24~25

至少預留時間
古城走透透：一整天或住一晚也不錯
觀光巴士暢遊古城：至少半天

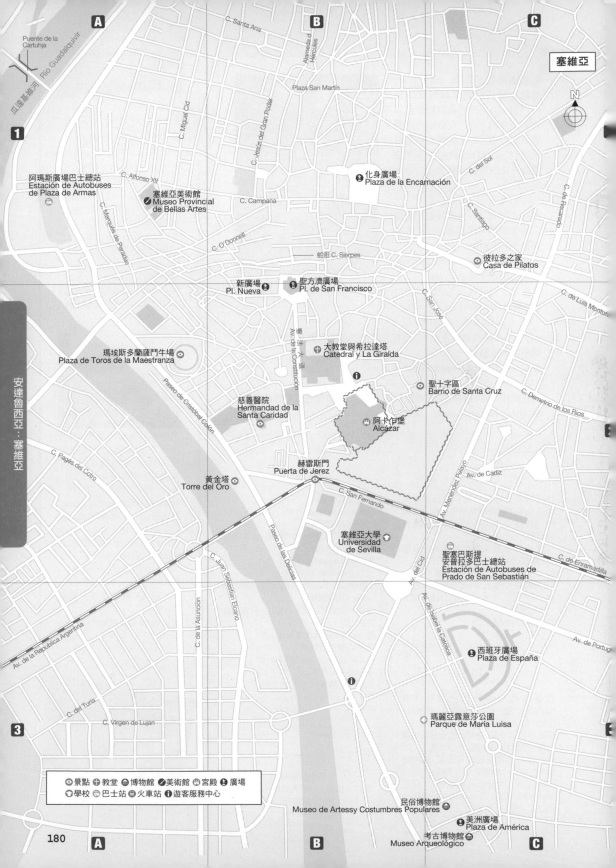

塞維亞

A

Puente de la Cartuhja

Río Guadalquivir

瓜達基維河

1

C. Santa Ana

B

Alameda de Hércules

Plaza San Martín

C

C. del Sol

C. de Recaredo

化身廣場
Plaza de la Encarnación

C. Miguel Cid

C. Jesús del Gran Poder

C. Alfonso XII

阿瑪斯廣場巴士總站
Estación de Autobuses
de Plaza de Armas

塞維亞美術館
Museo Provincial
de Bellas Artes

C. Campana

C. Santiago

C. Marqués de Paradas

C. O'Donnell

蛇街 C. Sierpes

彼拉多之家
Casa de Pilatos

C. de Luis Montot

新廣場
Pl. Nueva

聖方濟廣場
Pl. de San Francisco

C. San José

瑪埃斯多蘭薩鬥牛場
Plaza de Toros de la Maestranza

Av. de la Constitución

大教堂與希拉達塔
Catedral y La Giralda

聖十字區
Barrio de Santa Cruz

C. Demetrio de los Ríos

Paseo de Cristóbal Colón

慈善醫院
Hermandad de la
Santa Caridad

阿卡伯堡
Alcázar

C. Pagés del Corro

黃金塔
Torre del Oro

赫雷斯門
Puerta de Jerez

C. San Fernando

Av. Menéndez Pelayo

Av. de Cádiz

Paseo de las Delicias

塞維亞大學
Universidad
de Sevilla

聖塞巴斯提
安普拉多巴士總站
Estación de Autobuses de
Prado de San Sebastián

C. de Enramadilla

Av. de la República Argentina

C. Juan Sebastián Elcano

C. de la Asunción

Av. del Cid

Av. de Isabel la Católica

Av. de Portug

3

C. del Tuna

C. Virgen de Luján

西班牙廣場
Plaza de España

瑪麗亞露意莎公園
Parque de María Luisa

◎景點 ✝教堂 🏛博物館 ✐美術館 🏰宮殿 ⬤廣場
⛪學校 🚌巴士站 🚉火車站 ❶遊客服務中心

民俗博物館
Museo de Artessy Costumbres Populares

美洲廣場
Plaza de América

考古博物館
Museo Arqueológico

A

B

C

安達魯西亞：塞維亞

加入文藝復興風格與哥德式的伊斯蘭教建築群是塞維亞的焦點！

這座堪稱全世界最大的祭壇屏風是大教堂的鎮堂之寶，費時80多年才完工，上頭裝飾了超過1000位聖經人物雕像，金碧輝煌的程度令人驚嘆。

希拉達塔外觀裝飾著精緻的灰泥浮雕，頂端有座一手持君士坦丁旗子的女人雕像，成為塞維亞最著名也最漂亮的地標。

這座塔原是圓頂的伊斯蘭教鐘塔，天主教政權取回失土後，將鐘塔的圓頂改建為教堂式的尖塔。

面對大門的哥倫布靈柩（Sepulcro de Cristóbal Colón），扶棺者分別是哥倫布大航海時代的西班牙四大王國－－卡斯提亞（Castilla）、萊昂（León）、亞拉崗（Aragón）和納瓦拉（Navarra）的國王。

Did YOU KnoW

國王登頂希拉達塔不必爬樓梯？！

有別於其他鐘樓要一階階爬樓梯上去，希拉達塔登頂路線卻是斜坡，據說這是為了讓以前的國王可以騎馬登上鐘樓而做的改建，得益於這項巧思，登頂的過程與比較省力！

✝ 大教堂和希拉達塔
Catedral de Sevilla y La Giralda

　　歷經一個世紀興建的大教堂原本為哥德式，中央圓頂坍塌之後，建築風格轉為文藝復興式，加上由昔日清真寺喚拜塔改建而成的摩爾式希拉達塔，以及伊斯蘭教徒入內祈禱前淨身的橘子庭園（Patio de los Naranjos），整座教堂融合了多種風格。

⚑P.180B2 ⚑從聖塞巴斯提安普拉多巴士總站步行約10分鐘 ⌂Avenida de la Constitución s/n ☎95-421-4971 ⚑週一至週六11:00~19:00，週日14:30~18:00，閉館前小時最後入場 ⚑全票€12、優待票€7，現場購票另加€1。語音導覽€5 ⚑www.catedraldesevilla.es ⚑平日14:00~15:00限額免費參觀，需提早線上預約

位於建築核心的少女中庭(Patio de las Doncellas)，一樓的多層式拱門與精緻的鑽石形灰泥壁雕，是格拉那達工匠的傑作，壁緣上嵌著阿拉伯花紋的多彩瓷磚。

使節廳(Salon de Embajadores)是整座皇宮裡最精緻的大廳，有一座令人暈眩的鑲金木雕圓頂，星星狀的圖案代表宇宙。

阿卡乍堡的入口——獅子門。

阿卡乍堡
Real Alcázar de Sevilla

為什麼到處都有阿卡乍堡(Alcázar)？
Alcázar其實並非城堡名字，這個字源於阿拉伯語「宮殿」的意思，當初阿拉伯語系的摩爾人四處征服西班牙，並在各地建立起宮殿堡壘，因此處處都有名為阿卡乍堡的景點。問路時可先千萬要加上城鎮名稱，不然當地人可能不知道你在說的是哪一座阿卡乍堡喔！

《冰與火之歌》的粉絲注意了！
熱門影集《冰與火之歌》的粉絲們可能注意到第五季中多恩國王馬泰爾的家及流水花園正是在此地取景，劇中主要拍攝場景為大使廳、地下浴池及皇宮花園。

大使廳　　　　　　　皇宮花園

地下浴池

始建於西元913年，原本僅是一座防禦性的堡壘，天主教政權收復西班牙之後，塞維亞長達4個世紀成為西班牙諸王最愛的居住地之一，阿卡乍堡也因此當作皇宮使用，在歷經多次重修與擴建後逐漸改變面貌，然而它依舊是西班牙境內保存最完善的穆德哈爾式建築範例之一。

🗺P.180B2 🚶從大教堂步行前往約1分鐘 🏠Patio de Banderas s/n ☎95-450-2324 ⏰4~9月09:30~19:00、10~3月09:30~17:00 ⛔1/1、1/6、12/25 💰全票€14.5，優待票€7 🌐www.alcazarsevilla.org ⏱週一(4~9月18:00-19:00、10~3月16:00-17:00)免費，由Plaza del Triunfo上的獅子門(Puerta de León)進入，需提早線上預約

慈善醫院
Hermandad de la Santa Caridad

慈善醫院是一棟擁有兩座中庭的建築，各自點綴著一座分別象徵「慈善」與「慈悲」的雕像，四周裝飾著描繪《新約》與《舊約》場景的瓷磚鑲嵌畫。位於一旁的附設教堂是參觀重點，它金碧輝煌的氣勢讓人一入內就忍不住發出驚嘆。

🔍P.180B2 ⊙從大教堂步行前往約7分鐘 🏠Carrer Temprado 3 ☎95-422-3232 ⏰10:30~19:00(週末自14:00起) 💲全票€8、半票€2.5~5 🌐www.santa-caridad.es ✪週日16:30~18:30免費

教堂的主祭壇出自Simon de Pineda之手，以大量金飾展現巴洛克的風華。

刻劃基督葬禮主題的雕像，則是Roldan和萊亞爾(Valdés Leal)兩人的傑作。

慕里歐(Murillo)的《讓水湧出岩石的摩西》(Moisés Haciendo Brotar el Agua de la Peña)，以及萊亞爾的《世間榮光的結束》(Finis Gloriae Mundi Ó Jeroglífico del Juicio del Alma)等也收藏於此。

Did YOU KnoW
Calle Susona的傳說～尋找某戶門上鑲嵌著骷髏頭圖案的瓷磚

美麗的猶太女孩Susona愛上了一位天主教騎士，女孩的父親卻計畫謀殺包含騎士在內的數位宗教裁判官；女孩因此警告她的愛人，反而造成全家被殺。女孩臨死前要求將她的頭蓋骨掛在她家的門樑上，以示懲處她對父親的背叛。

交錯的巷弄間有傳統的小酒館、紀念品店、極具特色的餐廳，仔細探訪，或許還會發現隱居於建築中的伊斯蘭式中庭。

安達魯西亞：塞維亞

聖十字區
Barrio de Santa Cruz

當卡斯提亞國王費南度三世收復塞維亞後，就將本市的猶太人集中於此，成為當時伊比利半島除托雷多外唯二的猶太區(judería)。到了15世紀末，天主教雙王下令驅逐西班牙境內的猶太人，許多貴族和富商便紛紛遷居此區。

🔍P.180B2 🏠大教堂和阿卡乍堡以東的整個地區

廣場建築底層設置的涼椅，分別象徵西班牙58個重要城市，涼椅上的彩色磁磚敘述該市最重要的史跡並描繪出地理位置。

西班牙廣場是一個兩旁聳立兩座高大塔樓的半圓形廣場，塔樓分別象徵天主教雙王費南度和伊莎貝爾。

瑪麗亞露意莎公園
Parque de María Luisa

1893年時，瑪麗亞露意莎王妃將聖特爾摩宮(Palacio de San Telmo)部分土地捐出，建成了這座公園。後來，為了舉辦1929年的伊比利－美洲博覽會，將公園畫分為兩部分，分別設置西班牙廣場(Plaza de España)與美洲廣場(Plaza de América)，因而形成今日的面貌。

🚩P.180B3 🚶從大教堂步行前往約15分鐘 🚇Parque de María Luisa ⏰冬季08:00~22:00，夏季08:00~00:00

美洲廣場另一棟昔日博覽會建築被改建成新文藝復興式的考古博物館(Museo Arqueológico)。

美洲廣場上的民俗博物館(Museo de Artes y Costumbres Populares)，是個穆德哈爾式混哥德和文藝復興風格的大型宮殿建築。

外觀為鮮豔的白色和黃色，前後歷經120年才落成，共可容納超過一萬名觀眾。

瑪埃斯多蘭薩鬥牛場
Plaza de Toros de la Maestranza

這座鬥牛場被認為是西班牙最重要的鬥牛場之一。場內設有鬥牛博物館，收藏著鬥牛器具、鬥牛士服，以及曾在場上將鬥牛士刺死的牛頭標本，其中又以畢卡索繪製圖案的鬥牛披肩最引人注目。

🚩P.180A2 🚶從大教堂步行前往約20分鐘 🚇Paseo de Colón 12 ☎95-422-4577 ⏰09:30~21:30(11~3月09:30~19:30)，鬥牛賽僅在春會至10月間舉行 ㊡12/25 💰全票€10、優待票€3.5~6；鬥牛門票視座位而異 🌐visitaplazadetorosdesevilla.com ⏰夏季週三17:30~21:30、冬季週三15:30~19:30限額免費參觀

安達魯西亞：塞維亞

《耶穌受難》（Jesus Crucificado Expirante）－蘇巴蘭（Francisco de Zurbarán）

塞維亞美術館
Museo de Bellas Artes de Sevilla

《聖告圖》（Inmaculada Concepción），慕里歐（Bartolomé Esteban Murillo）

聖傑洛尼莫的誘惑》（Tentaciones de San Jerónimo），萊亞爾（Valdés Leal）

　　圍繞著三座中庭、由17世紀修道院改建而成的塞維亞美術館，是西班牙相當值得一看的博物館，裡頭收藏了中世紀至現代的西班牙繪畫，其中又以塞維亞派(Sevilla School)──委拉斯奎茲、慕里歐、蘇巴蘭等人的作品最有看頭。

📍P.180A1 🚶從大教堂步行前往約20分鐘 🏠Plaza del Museo 9 ☎95-478-6498 🕐9~7月09:00~21:00(週日及假日至15:00)；8月09:00~15:00 ⊗週一、1/1、1/6、5/1、12/24~25、12/31 💲€1.5 🌐www.museosdeandalucia.es

主中庭(Patio Principal)裝飾著穆德哈爾式的灰泥壁飾與16世紀時的彩色瓷磚，搭配文藝復興式水池以及古羅馬雕像。

1樓通到2樓的樓梯間壁磚，是整座宮殿中保存得最為完整的瓷磚藝術。

彼拉多之家
Casa de Pilatos

　　被喻為塞維亞最美麗的貴族宮殿，結合穆德哈爾式和文藝復興風格，是由安達魯西亞總督Pedro Enriquez de Quiñones下令興建的宅邸，在他的兒子塔理法(Tarifa)侯爵手中落成。由於侯爵曾經在1519年時前往耶路撒冷朝聖，於是將這棟豪宅以判決耶穌死刑的羅馬總督彼拉多來命名。如今這裡仍是Medinaceli公爵家族居住的地方。

📍P.180C1 🚶從大教堂步行前往約15分鐘 🏠Plaza de Pilatos 1 ☎95-422-5298 🕐09:00~18:00 💲整棟建築含導覽全票€12、優待票€10 🌐www.fundacionmedinaceli.org ♿非假日的週一15:00~17:30免費參觀

舉世聞名的阿拉伯建築傑作——
阿爾汗布拉宮 就在這裡！

造訪格拉那達理由

1 西班牙伊斯蘭教末代王宮

2 精彩的摩爾建築藝術

3 西班牙雙王的長眠之地

👁 格拉那達 Granada

格拉那達是西班牙境內接受伊斯蘭教統治時間最久的城市，它在摩爾人的統治下聲勢達到巔峰，不論在經濟、藝術、文化上，都有過一段黃金時期。現今的格拉那達，除了精采的阿拉伯建築藝術之外，還有充滿伊斯蘭教風情的阿爾拜辛區，以及沿山坡而建的白色薩克羅蒙特山丘，很容易就讓人掉入阿拉伯神話般的夢境！

◎景點 ✚教堂 🏨飯店 🏰城堡
🚌巴士站 ⓔ廣場 ⓘ遊客服務中心

往薩克羅蒙特山丘
Sacromonte

阿爾拜辛區
El Albayzín

軒尼洛里菲宮
Generalife

城堡
Alcazaba

阿爾汗布拉宮
Alhambra

Río Darro

正義門
Puera de
la Justicia

往巴士總站

回教公共浴池
El Bañuelo

阿拉伯街
Calderería
Nueva

哥倫布古蘭維大道
Gran Via de
Colon

聖安娜教堂
St. Ana

石榴門
Puerta de
Granadas

N

新廣場Pl. Nueva

大教堂Catedral
皇室爾拜堂Capilla Real

Pl. Padre Suarez

伊莎貝爾廣場Pl. de Isabel la Católica

往火車站

往 🏨 Saray Hotel

Pl. Bib-Rambla

ⓘ郵局

格拉那達

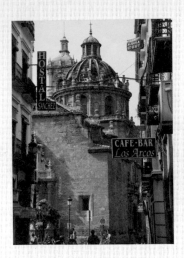

至少預留時間

參觀阿爾汗布拉宮：一整天
古城走透透：一整天或住一晚也不錯

當地交通往返市區

從格拉那達火車站(Estación de Granada)

從火車站前方的安達魯西亞大道(Avda. de Andaluces)直走到憲法大道(Avda. de la Constitución)，搭乘4、21、33等號巴士，前往市中心的伊莎貝爾廣場(Pl. de Isabel la Católica)等地，車程約10分鐘。巴士票需事先在巴士站購票。

從格拉那達巴士站(Estación de Autobuses de Granada)

巴士站位於西北方的郊區，由此搭乘33號巴士前往大教堂附近，車程約15分鐘。

◎從馬德里的阿托查火車站前往，中途需在安特蓋拉(Antequera)轉車，車程約4~5小時，每天5班車。
◎從塞維亞的聖胡斯塔火車站搭乘中程火車MD前往，車程約4小時，每天4班車。
◎從哥多華前往，中途需在安特蓋拉轉車，車程約2~3小時，每天6班車。
◎從巴塞隆納的聖哲火車站前往，中途需在安特蓋拉轉車，車程約7~7.5小時。
．西班牙國鐵
ⓌＷww.renfe.com

格拉那達遊客服務中心
Oficina de Información Turística del Patronato Provincial
○Cárcel Baja 3(大教堂旁邊)
☎958-247-128
Ⓦturgranada.es、turismo.granada.org
安達魯西亞旅遊局
Oficina de turismo de la Junta de Andalucía
○Calle Santa Ana 2
☎575-202
Ⓦwww.andalucia.org

◎從馬德里的南巴士總站搭乘 Alsa 巴士公司的車前往，車程約4.5~5.5小時，每天12~15班車。
◎從巴塞隆納的北巴士站搭車前往，車程約13~15.5小時，一天大約3~4班。
◎從哥多華或塞維亞出發，車程各需約2.5~4小時左右，每天約有8~10班車。
．Alsa巴士
Ⓦwww.alsa.es

怎麼玩格拉那達才聰明？

格拉那達觀光巴士 Granada City Tour

格拉那達有三節的觀光小巴士，繞行市區內重要景點和阿爾汗布拉宮外側，沿途有包含中文在內的語音導覽，可在效期內任意上下車，1趟全程約90分鐘。可於官網或上車購票。
◷09:30~21:00(11~3月至19:30)。每30~45分鐘一班次
Ⓢ一日票全票€9.35、優待票€4.65，二日票€14、優待票€7 Ⓦgranada.city-tour.com/en

格拉那達城市通 Granada Card

格拉那達推出的旅遊卡分為4種卡，24小時、48小時、72小時、花園卡(Granada Card Jardines)以及2~11歲的兒童卡。
除了24小時僅能夜間參觀阿爾汗布拉宮的奈斯爾宮(Palacios Nazaríes)，以及花園卡參觀奈斯爾宮以外的阿爾汗布拉宮區域，其他48小時、72小時與兒童卡都包含阿爾汗布拉宮、大教堂、皇室禮拜堂等的門票在內，也可搭乘9趟市區巴士。由於拜訪阿爾汗布拉宮皆須提前1天預約入場時間，建議提早於網站購買。
○Plaza Nueva s/n(新廣場) ☎858-880990 ◷08:00~20:00(週末及假日至15:00) Ⓢ24小時€46.92、48小時€49.06、72小時€56.57、花園卡€46.92、2~11歲兒童卡€12.6 Ⓦen.granadatur.com/granada-card

一覽格拉那達濃郁的中東風情，彷彿身在阿拉伯的小鎮上。

阿爾汗布拉宮
La Alhambra

「阿爾汗布拉」名稱來自阿拉伯語，意思是「紅色的城堡」，因為宮殿的大型紅色城牆和高塔，在莎碧卡山丘(La Sabica)的圍繞下顯得特別醒目。

可能始建於13世紀的阿爾汗布拉宮原為一座摩爾式碉堡，1870年被西班牙政府列為紀念性建築；爾後，在眾人的努力修復下，阿爾汗布拉宮才有今日的美麗面貌，讓世人得以重見這座精心雕琢的摩爾宮殿！

📍P.186 🚌可從伊莎貝爾廣場搭乘C30、C32小型巴士前往；亦可從新廣場(Pl. Nueva)旁的Cuesta Gómerez街往上坡走，通過格拉那達門後，再沿著小徑上到正義門(Puerta de la Justicia)，購票處位在軒尼洛里菲宮附近，路程約20分鐘 📍Real de La Alhambra, s/n ☎958-027-971 🕐4~10月中日間08:30~20:00、夜間週二至週六22:00~23:30；10月中~3月日間08:30~18:00、夜間週五至週六20:00~21:30 ❌1/1、12/25 💰通票全票€18，軒尼洛里菲花園和城堡€10，晚間全票€10，門票預訂另加手續費與增值稅🔗www.alhambra-patronato.es

參觀前注意事項！

- 王宮、軒尼洛里菲宮及城堡須持票入內，所以門票得小心保管，萬一丟掉就不能進去。
- 每張票都標明參觀王宮的時間，請依票面時間前往，否則無法入內參觀；王宮的入口處靠近正義門而非大門售票處，切勿走錯。
- 宮殿內沒有餐廳，請記得攜帶足夠的水和食物，前往至少要半天時間。
- 參觀人數眾多且有人數限制，尤其夏天的門票經常售罄，最好一早就去排隊，或是提前透過網路或電話預訂門票，門票一旦預訂無法更改或退換。
- 門票採實名制，取票與進場會進行抽檢，記得要攜帶護照正本及網路購票者的信用卡。

```
格瑪雷斯塔
Torre de Comares          王宮Palacio Real
使節廳                     (納薩里耶斯宮Palacios Nazaríes)
Salón de los
Embajadores
                          浴室
梅斯亞爾宮                   baños
Mexuar
桃金孃中庭                   雙姊妹廳
Patio de los Arrayanes    Sala de Dos Hermanas
                          獅子中庭
                          Patio de los Leones
                                  國王廳
                                  Sala de Rey
卡洛斯五世宮殿                阿本瑟拉黑斯廳
Palacio de Carlos V        Sala de los Abencerrajes
```

王宮Palacio Real

又被稱為納薩里耶斯宮(Palacios Nazaríes)的王宮，原是摩爾國王的起居室，更是阿爾汗布拉宮中最具藝術價值的建築。王宮可區分為3大部分：梅斯亞爾宮、格瑪雷斯宮、獅子中庭。

布滿整座宮殿的繁複灰泥壁飾和木製天花板雕功，充滿回教風味，值得一再細細品味。

·梅斯亞爾宮 Mexuar
王宮中最古老的部分，一般認為是摩爾王室的審判庭，後來天主教君王在此增建禮拜堂，可從樓上的木欄杆往外看。祈禱室位於梅斯亞爾宮盡頭，面對著阿爾拜辛區。

在北邊的牆壁上有4扇拱形窗，雕刻著精細複雜的灰泥壁飾和阿拉伯經文。

·格瑪雷斯宮Comares
由使節廳(Salón de los Embajadores)、加冕廳和桃金孃中庭(Patio de los Arrayanes)組成，是王宮中最重要的地方。這裡是蘇丹詔見大臣共商國事的宮殿，也是訪客等候的地方。

中庭內有一長方形水池，格瑪雷斯塔(Torre de Comares)的倒影清楚倒映於池中，遊客可從中體會「對稱」的設計理念。

線條極簡，左右平衡的設計讓人有種宛如置身天堂般的奇妙。

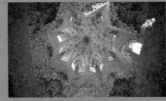

Did YOU KnoW
阿本瑟拉黑斯廳的由來

傳說某位蘇丹抓到其愛妾蘇塔娜在此和阿本瑟拉黑斯家族成員幽會後，邀請阿本瑟拉黑斯家族到阿爾汗布拉宮參加宴會，阿本瑟拉黑斯家族不知這是一場鴻門宴，一夜之間所有男性在此全被蘇丹處死。阿本瑟拉黑斯廳的名字取自於這個被殘忍屠殺的家族。

阿本瑟拉黑斯廳的設計架構與雙姊妹廳相似，其亮點是鐘乳石形狀的八角形頂棚。

·獅子中庭
Patio de los Leones
這裡是摩爾王真正的私人活動空間，當然也包括後宮。根據歷史記載，蘇丹曾在此舉辦過政治及外交活動。圍繞著獅子中庭的是雙姊妹廳(Sala de Dos Hermanas)、國王廳(Sala de Rey)和阿本瑟拉黑斯廳(Sala de los Abencerrajes)。

建於1334~1354年的使節廳，被視為歐洲最後的伊斯蘭教殿堂，內部布滿灰泥壁飾與阿拉伯文。

使節廳令人讚嘆的頂棚代表伊斯蘭教的七重天宇宙觀。

由124根柱子圍成的獅子中庭，中央噴泉四周環繞著12隻獅子，顯得十分優雅。

廊柱間的拱形簾幕，雕刻著精細的裝飾花紋。

雙姊妹廳是獅子中庭裡最古老的宮殿，看點是猶如5,416塊蜂窩般組織而成的天棚。

國王廳分為5個區域，每間區域皆以高挑的拱形廊柱區隔開來。

✝ 大教堂
Catedral de Granada

自收復格拉那達之後，在天主教君王的命令下，於西元1518年開始興建這座大教堂。大教堂位於昔日的清真寺所在地，歷經了181年才完成，大教堂後來又轉換過多位設計師，直到18世紀完工時，成為混合了哥德式、銀匠式和文藝復興風格的龐大建築。

🗺P.186 🚶從伊莎貝爾廣場步行約2分鐘 📍Plaza de las Paiegas ☎222-959 🕐10:00~18:15(週日15:00起) 💶全票€6、優待票€4.5 🌐catedraldegranada.com 🎧可攜帶耳機與行動裝置使用免費語音導覽

教堂立面由3座大型拱門所組成，出自建造羅馬凱旋門的建築師Alonso Cano的設計。

主祭壇金碧輝煌的屏風上描繪耶穌的生平故事。

聖器室博物館(La Sacristía-Museo)展示了梅林(Hans Memling)等法蘭德斯藝術大師的畫作。

Alonso Cano也替大教堂增添與主拜堂圓頂等高的彩繪玻璃，敘述聖母的故事。

Diego de Siloé受文藝復興風格的影響，將主禮拜堂(Capilla Mayor)設計為圓形，取代常見的半圓形結構。

✝ 皇室禮拜堂
Capilla Real

對於將格拉那達自伊斯蘭教徒手中收復的伊莎貝爾女王而言，將陵寢建立於格拉那達不僅是她的身後遺願，更是紀念西班牙自此統一的最佳地點。

這座於西元1505~1507年間為了天主教君王而建的禮拜堂，裡頭長眠著伊莎貝爾和費南度，以及他們的女兒胡安娜(Juana la Loca)、女婿菲力浦(Felip el Hermoso)一家。

🗺P.186 🚶從伊莎貝爾廣場步行約2分鐘 📍Calle Oficios s/n ☎958-227-848 🕐10:00~18:30(週日與假日11:00起) ⛔1/1、12/25全天，以及1/2、12/12上午 💶全票€6、優待票€4.5 🌐capillarealgranada.com ❗禮拜堂內部禁止拍照

阿爾拜辛區
El Albayzín

阿爾拜辛區1994年被列為世界文化遺產。近距離走進這摩爾人很早就落腳的區域，密密麻麻的白色房舍面對阿爾汗布拉宮沿山壁而建，伊斯蘭教式的建築、中庭、門飾、餐廳等，猶如一塊塊大大小小的積木插滿整座山頭，巷弄曲曲折折好像迷宮，房子、街道雖然老舊，卻很整齊乾淨，讓人有種迷失在阿拉伯世界裡的錯覺。

🏛P.186 🚶從伊莎貝爾廣場步行約15分鐘；或從新廣場搭乘C32小巴前往聖尼可拉斯瞭望台 📍面對新廣場的後方山區

從聖尼可拉斯瞭望台(Mirador de San Nicolás) 眺望阿爾汗布拉宮，可順便把終年白頭的內華達山脈(Sierra Nevada)收進眼底，畫面同樣令人捨不得眨眼。

在洞穴裡看佛朗明哥舞

昔日，吉普賽人為了避暑，多鑿洞而居，這些洞穴遺留至今，聰明的吉普賽人轉而將它當作佛朗明哥舞的表演場所，稱為Zambra。

薩克羅蒙特被認為是佛朗明哥舞的搖籃，業者通常會提供接送服務，在預定好的時間至各家飯店載遊客們前往洞穴小酒館欣賞佛朗明哥舞。通常在抵達表演場之前，會安排一段夜間徒步導覽，由導遊帶著遊客穿梭在阿爾拜辛區與薩克羅蒙特山丘的巷弄間，並解說本地的歷史背景和吉普賽人在此穴居的來龍去脈。遊客可選擇用餐加欣賞表演；不用餐的觀眾，票價通常包含一杯飲料，除了茶飲、可樂外，還可選擇西班牙最有名的雞尾酒桑格利亞(Sangria)，和場合的氣氛最搭。

- **Cueva Venta del Gallo**
🌐cuevaventaelgallo.es
- **Cuevas Los Tarantos**
🌐cuevaslostarantos.com
- **Cueva La Rocío**
🌐cuevalarocio.es

阿拉伯街
Calle Calderería

位於阿爾拜辛區山腳下的Calle Calderería Nueva，整條街道盡是摩爾式的茶館與販賣伊斯蘭教風格的飾品店，洋溢著阿拉伯風情，瀰漫著中東香柱散發的特殊氣味，後來也發展到相鄰的Calle Calderería Vieja。

🏛P.186 🚶從大教堂或新廣場步行約5分鐘 📍Calle Calderería Nueva與Calle Calderería Vieja一帶

這一帶街上的藝品有來自摩洛哥的手工牛皮燈罩、阿拉伯傳統服飾等，相當具有異國風味。

薩克羅蒙特
Sacromonte

薩克羅蒙特山村的房舍大部分是挖掘山洞而成的半穴居，所以背部多半嵌入山壁，近看更顯特別。這裡是吉普賽人位於格拉那達的大本營，此區的房舍全是望之不盡的純白，不但室內空間狹小，而且門檻很低，或許和久居於此的吉普賽人較為矮小的體型有關。

🏛P.186 🚶從新廣場搭乘C3、C32、C34小巴可達；亦可從阿爾拜辛區步行前往 📍位於阿爾拜辛區東北方山區

同時存在著伊斯蘭教、猶太教和天主教文化的特色城市。

王牌景點 ❸

造訪哥多華理由
① 整座城市於1994年被列為世界文化遺產
② 混合三種宗教風格的建築
③ 建在清真寺裡的大教堂

安達魯西亞：哥多華

哥多華 Córdoba

往中央火車站和巴士站
◉景點 ✚教堂 ▣廣場
🏛博物館 🏰宮殿 ℹ遊客中心

C. Concepción
C. San Felipe
C. Claudio Marcelo
C. Pedro López
Plaza de las Tendillas
Jardines Diego de Rivas
C. Lope de Hoces
Plaza de la Corredera
C. Barroso
C. San Fernando
往塞維納宮 Palacio de Viana
C. Juan Valera
Plaza Ángel Torres
C. Barrico Belmonte
Paseo de la Ribera
N
考古學博物館 Museo Arqueológico
安達魯西亞之家 Casa Andalusí
小馬廣場 Pl. del Potro
猶太大教堂 Sinagoga
C. de Rey Heredia
百花巷 Calleja de las Flores
C. Magistral G. Frances
門牛博物館 Museo Taurino
C. Manriquez
C. de Tomás
清真寺 Mezquita-Catedral
Río Guadalquivir
馬蒙尼德斯廣場 Plaza Maimónides
橋門 Puerta del Puente
瓜達基維河
阿卡乍堡 Alcázar de los Reyes Cristianos
羅馬橋 Puente Romano
往卡拉歐拉塔 Torre de la Calahorra

哥多華

哥多華曾經是羅馬帝國統治下的西班牙首都，後來由摩爾人統治時，伊斯蘭教政權的勢力發展到了顛峰，哥多華成為當時歐洲最進步且富裕的城市，擁有一座阿拉伯大學，以及超過300座的清真寺。在舊城區漫遊，可見證三個世紀以來混合伊斯蘭教、猶太教和天主教風格的精采建築遺跡。

怎麼玩哥多華才聰明？

隨上隨下觀光巴士
City Sightseeing Hop-on Hop-off Bus

只要持有有效的車票，限時內可不限次數搭乘雙層巴士，沿途停靠27站，並提供11種語言的語音導覽。共有2種套票可以選擇：**24小時隨上隨下的Hop-On Hop-Off Cordoba**以及**48小時隨上隨下的Hop-On Hop-Off Cordoba + Monuments**，票價分別為全票€17及€42、半票€10及€20。

🕐09:30～20:00，每趟60分鐘 🌐city-sightseeing.com/en/20/cordoba

當地名菜燉牛尾(Rabo de Toro)你吃了嗎？

©flickr Luiz Eduardo

燉牛尾是哥多華的傳統料理，也是西班牙名菜之一，以往是為了充分利用鬥牛賽過後死掉的牛隻。這道以香料與紅酒燉煮而成的料理軟嫩多汁，若問到這裡餐廳的招牌菜，十之八九會推薦這道燉牛尾，可見它的高人氣！

哥多華遊客服務中心Centro de Recepción de Visitantes
🔺P.192
📍Plaza del Triunfo(羅馬橋旁)
☎957-469-707
🕐09:00～18:45(週日及假日至14:15)
🌐www.turismodecordoba.org
坦蒂里亞斯廣場遊客中心
📍Plaza de las tendillas s/n
☎957-471-577
🕐09:00～14:30

◎從馬德里的阿托查火車站可搭乘高速火車AVE和長程特快列車ALVIA或ALTARIA前往，車程約1.5～2小時，平均每30～60分鐘一班車。
◎從塞維亞出發，車程約40～80分鐘，平均每10～30分鐘一班。
◎從格拉那達出發，中途需在安特蓋拉(Antequera)轉車，車程約2～3小時。
• 西班牙國鐵
🌐www.renfe.com

◎從馬德里的南巴士總站搭乘Socibus巴士公司的車前往，車程約4～5小時，每天約8～9班車。
◎從巴塞隆納搭乘Alsa巴士公司的車前往，車程約13～15小時，每天2班車。
◎從格拉那達搭乘Alsa巴士公司的車前往，車程約2.5～4小時。
◎從塞維亞搭乘Alsa巴士公司的車前往，車程約2小時。
• Alsa巴士 🌐www.alsa.es
• Socibus巴士 🌐www.socibus.es

當地交通往返市區
從中央火車站(Estación Central)
◎搭乘3號巴士前往清真寺附近的羅馬橋邊，或是步行約20～30分鐘。
◎搭乘計程車前往市區大約€7。

至少預留時間
古城走透透：一整天或住一晚也不錯
觀光巴士暢遊古城：至少半天

必看重點

伊斯蘭**建築遺跡**、荒廢的**中庭**和陽台垂吊下來的鮮花，一起漫步在浪漫迷人的哥多華！

 小馬廣場
Plaza del Potro

這座文藝復興式的噴泉落成於1577年，小馬雕像是本市的市徽，這裏原是16、17世紀商人和旅行者聚集的場所。除了紀念品店之外，廣場的另一側坐落著哥多華美術館和胡利歐美術館，建築前身是慈善醫院(Hospital de la Caridad)。

🔺P.192 🚶從清真寺步行約10分鐘

• 哥多華美術館Museo de Bellas Artes de Córdoba
🕙6月中~9月中09:00~15:00；9月中~6月中09:00~21:00
(週日及假日至15:00) 休週一、1/1、1/6、5/1、12/24~
25、12/31 💲€1.5 🌐www.museosdeandalucia.es

• 胡利歐美術館Museo Julio Romero de Torres
🕙6月中~9月中08:15~14:45；9月中~6月中平日
08:15~20:00，週六09:30~18:00，週日08:15~14:45
休週一 💲全票€4、優待票€2.2 🌐museojulioromero.
cordoba.es 💡非假日週四冬季18:00與夏季12:00、
2/28、5/18、9/8、9/27、12/17免費

 哥多華美術館

哥多華美術館中收藏了萊亞爾(Valdés Leal)和利貝拉(José de Ribera)等西班牙大師的畫作。

La Virgen de los Plateros
(1654~1656)，萊亞爾

Descanso en la huida a
Egipto (1650)，利貝拉

Sansón y Dalila (1620~1626)，
利貝拉

 **胡利歐美術館**

胡利歐美術館展示19世紀末出生於哥多華、擅長女性繪畫的同名畫家的作品。

Nuestra Señora de Andalucía (1907)

左側豎排文字：
塞萬提斯不但曾在《唐吉軻德》提及這座廣場，據說他也曾下榻一旁的小馬客棧(Posada del Potro)。

胡利歐自畫像
(1905)

Naranjas y limones
(1927)

En la ribera
(1928)

安達魯西亞：哥多華

194

安達魯西亞：哥多華

猶太街區
La Judería

　　猶太區是哥多華舊城中最古老的一區，這裡曾聚集著伊比利半島上最大的猶太社群，由於猶太人在伊斯蘭教徒統治期間扮演重要的經濟支柱角色，因此猶太人不但免於種族迫害，還受到摩爾人的重用，多數擔任稅吏的工作。不過，天主教收復國土之後，猶太人失去了勢力，甚至在1492年被驅逐出西班牙國土。

◎P.192　◎從清真寺步行約5分鐘可達。　◎位於清真寺和Avda. del Gran Capitán之間

● 猶太教堂Sinagoga　◎Calle Judíos 20　☎957-749-015　◎6月中~9月中09:00~15:00；9月中~6月中09:00~21:00(週日及假日至15:00)　休週一、1/1、1/6、5/1、12/24~25、12/31

考古學博物館
Museo Arqueológico

　　這間由16世紀文藝復興式豪宅改建而成的博物館，裡頭收藏了哥多華當地從史前時代一路到中世紀的珍貴文物，包括將這棟豪宅改建成博物館時發現、羅馬劇場遺址(Yacimiento del Teatro Romano)、大理石潘神面具(Máscara del Dios Pan)，以及出土自哥多華郊區的梅迪納亞薩拉宮殿遺址(Medina Azahara)的青銅鹿像(Cervatillo)等。

◎P.192　◎從清真寺步行約5分鐘　◎Plaza Jerónimo Páez 7　☎957-355-525　◎6月中~9月中09:00~15:00；9月中~6月中09:00~21:00(週日及假日至15:00)　休週一、1/1、1/6、5/1、12/24~25、12/31　⑤€1.5　◎www.museosdeandalucia.es

現今唯一能見證猶太遺跡的，是坐落於猶太街區核心位置的猶太教堂。

猶太區以百花巷(Calleja de las Flores)最為迷人，一盆盆色彩繽紛的花朵妝點著牆壁。

安達魯西亞之家
Casa Andalusí

坐落於猶太會堂旁,安達魯西亞之家是展示哈里發(Caliphate)統治時期的迷你珠寶盒,穿過那扇窄小的大門,時光便流轉到12世紀。地下室則保留了西哥德式的淺浮雕,裡頭收藏了一些歷經不同伊斯蘭教朝代的金、銀、銅幣。

◎P.192 ❷從清真寺步行約5分鐘 ❻Calle Judíos 12 ☎957-290-642 ◕10:00~20:00 ⑤€4 ⓦ

lacasaandalusi.com

一座美麗的噴泉流洩的潺潺水聲,四周點綴著五彩繽紛的盆花,為建築提供舒適的涼意。

小小的廳房裡展示著手工造紙機器,哥多華是歐洲第一個懂得造紙的城市。

以昔日城牆為牆的建築結構,濃縮了10個世紀的變遷。

橋中央聳立著一尊聖拉菲爾(San Rafael)的雕像,它是哥多華的守護神,出自藝術家Gómez del Río之手。

羅馬橋自卡拉歐拉塔一路延伸到對岸清真寺前的橋門(Puerta del Puente)。

卡拉歐拉塔具有易守難攻的特性,在進入哥多華的通道上扮演著戰略性的位置。

羅馬橋
Puente Romano

歷史可回溯到西元1世紀的羅馬橋,是奧古斯都大帝所建,不過經過多次重建與整修,如今僅有部分橋樑得以追憶這段遙遠的歷史。羅馬橋全長230公尺,共有16座橋墩,其中4座呈尖頂狀,其他則為半圓形。

◎P.192 ❷從清真寺步行約2分鐘 ・卡拉歐拉塔 Torre de la Calahorra ❻Puente Romano, s/n ☎957-293-929 ◕6~9月10:00~14:00、16:30~20:30;10及3~5月10:00~19:00;11~2月10:00~18:00 ⑤全票€4.5,優惠票€2~3 ⓦwww.torrecalahorra.es

古羅馬石棺上方浮雕著一扇半開的門，描述死後前往地下世界的歷程。

排列有序的噴水池、池塘和樹林，讓這裡瀰漫著伊斯蘭教時期的氣氛。

馬賽克鑲嵌的愛神厄洛斯(Eros)與賽姬(Psyche)。

阿拉伯浴池屋頂上方的星星透氣孔圖案。

登上高塔欣賞哥多華全市的風景。

Did YOU KnoW

哥倫布就是在這裡爭取贊助的！

眾所皆知哥倫布是受到伊莎貝爾女王和費南度二世這兩位史稱天主教雙王的贊助才能愉快出航尋找新大陸，當初1489年他就是在這座城堡中謁見雙王爭取贊助的，所以在庭院裡還有一座雕像描寫當時的場景呢！

阿卡乍堡
Alcázar de los Reyes Cristianos

　　四周圍繞著厚實城牆的阿卡乍堡，既是要塞也是皇宮，歷經歷史的更迭，層層建築彼此相疊或接鄰，形成今日這座擁有古羅馬、西哥德、伊斯蘭等多樣風格的建築。這處當初天主教雙王曾經下榻的地方，之後一度淪為監獄，在1428~1821年間還成為宗教法庭(Inquisition)所在地，不過如今城堡內已改為博物館。

ⓘP.192 ⓣ從清真寺步行約5分鐘 ⓐCalle Caballerizas Reales ☎957-485-001 ◔6月中~9月中08:15~14:45；9月中~6月中平日08:15~20:00，週六09:30~18:00，週日08:15~14:45 ✖週一 Ⓢ全票€4.9，優待票€2.66，訂票另加收手續費與增值稅 ✺cultura.cordoba.es ✿非假日週四冬季18:00與夏季12:00、2/28、5/18、9/8、9/27、12/17免費

清真寺
Mezquita-Catedral

這座清真寺不但是伊斯蘭教王朝遺留在安達魯西亞的最佳文化遺跡，奇特的是：裡頭還容納了一座教堂！天主教政權收復哥多華多年後，卡洛斯五世不顧當地市政府與居民的反對，將清真寺改建成一座天主教堂，文藝復興風格的主祭壇和唱詩班席大刺刺地坐落於清真寺的正中央，誕生了一座如此獨一無二的奇特建築。

📍P.192 🚶從大教堂步行前往約15分鐘 ☎957-470-512 🏠Parque de María Luisa ⏰清真寺10:00~18:30，鐘塔9:30~18:30（每30分鐘一梯次）💰全票€13，優待票€5~10，鐘塔€3 🌐mezquita-catedraldecordoba.es

清真寺─大教堂說明了當年伊斯蘭教和天主教文化如何互相影響、產生了什麼樣的複雜情結

把握開放前的免費參觀時段
每週一至週六上午08:30~09:30是免費參觀時段，惟清真寺有時會因應特殊活動調整參觀時間，建議還是事先上官網確認一下！

👁 主教堂 Cathedral

卡洛斯五世自西元1523年開始，在寺內興建主教堂，他與當時的主教達成協議：不破壞哈坎二世擴建的部分。因此，工程從阿布杜勒·拉曼三世和al-Mansur增添的部分下手，歷經兩個世紀才完工，建築師Hernán Ruiz I和他的兒孫先後參與工事，最後形成這個擁有拉丁十字結構的建築。

哥德式拱頂和文藝復興式圓頂的下方，是落成於17世紀的大理石祭壇。

兩旁以大理石和桃花心木打造的講壇，出自雕刻家Miguel Verdiguer之手。

👁 贖罪門 Puerta del Perdon

如今當成出口使用的贖罪門，是一座洋溢著穆德哈爾式風情的大門，緊鄰鐘塔的它，是天主教政權統治下於西元1377年興建的建築，據說凡通過此門的信徒，所有的罪孽都將被赦免。

👁 鐘塔 Torre Campanario

鐘塔由帶領哥多華邁向盛世的阿布杜勒·拉曼三世所建，不過1593年曾遭一場大風暴破壞，後來天主教廷委任Hernán Ruiz II將它改建成鐘樓；17世紀末時為了害怕坍塌，因而再度強化其結構。

鐘塔上方聳立著聖拉菲爾（San Rafael）的雕像，出自藝術家Gómez del Río之手。

壁龕的功能為指出麥加的方向，以及讓帶領祈禱的伊瑪目(imam)聲音變得更加嘹亮。

壁龕 Mihrab

位在清真寺南邊的壁龕是摩爾宗教藝術的精華，這座以一整塊大理石打造成貝殼狀頂棚的壁龕和兩旁的側廳，全以金碧輝煌且巧奪天工的拜占庭鑲嵌藝術裝飾，堪稱摩爾式宗教建築最美的壁龕。

拱門與樑柱 Arches and Pillars

清真寺中有超過850根的花崗岩、碧玉和大理石柱，這些石柱多半取自西哥德人和羅馬人的建築。眾多的樑柱在昏暗的清真寺內，營造出一種令人暈眩的感覺，也顯現出一種神祕的氣氛。

紅白兩色磚石打造出的馬蹄狀拱頂，壓在一根根細緻的柱腳上，數十列一字排開，形成一座柱林。

維列委西奧薩禮拜堂 Capilla de Villaviciosa

哥多華在投入天主教懷抱的同年，清真寺便被祝聖為大教堂。不過阿方索十世下令興建於西元1371年的維列委西奧薩禮拜堂，則是首座出現於清真寺內的禮拜堂，裡面裝飾了大量造型特殊的多重葉瓣拱形門柱。

中庭是皮亞納宮最大的特色，經多次獲得當地的中庭節大獎，曾使得它擁有「中庭博物館」的美譽。

皮亞納宮 Palacio de Viana

興建於14世紀，這座豪宅原本是皮亞納公爵家族的府邸，至今仍保存著當年他們離去時的原貌。1981年時以博物館之姿對外開放，透過17世紀的家具、來自法蘭德斯的織錦、繪畫、陶瓷器等生活用品，不難看出公爵家族當年曾有過的氣派！

P.192 從清真寺步行約15分鐘 Plaza de Don Gome 2 957-496 -741 7~8月週二至週日09:00~15:00、9~6月週二至週六10:00~19:00、週日10:00~15:00 週一和特殊假日 宮殿與花園中庭€12，花園中庭€8 www.palaciodeviana.com 週三14:00~17:00免費參觀

清一色白牆瓦頂的民宅，成為安達魯西亞獨特的風情。

王牌景點 ❹

造訪格拉那達理由

1. 擁有橫斷崖壁城牆的隆達(Ronda)
2. 以出產風乾火腿聞名的特列貝雷斯(Trevélez)
3. 遺留最多伊斯蘭教圓拱建築的阿爾克斯(Arcos de la Frontera)

…還有更多美麗的城鎮等著你造訪！

至少預留時間
每個城鎮都想逛：兩天一夜或三天兩夜都不錯

👁 白色山城 Los Pueblos Blancos

「白色小鎮」之名源自摩爾時期，摩爾人以灰泥塗抹外牆，此種建築習慣沿襲至今。位居斜坡、窄街、白牆及種滿鮮豔花卉的陽台，是白色小鎮的典型樣式，串連高低落差的樓梯宛如迷宮，常引領遊客通往不知名的中庭或角落。每個白色小鎮都有其獨特的魅力與地景，相當值得探訪。

白色山城

哥多華Córdoba
卡莫納Carmona
埃西哈Ecija
塞維亞Sevilla
歐蘇納Osuna
格拉納達Granada
瓜地斯Guadix
莫哈卡Mojácar
卡畢雷拉Capileira
特列貝雷斯Trevelez
潘帕內拉Pampaneira
布比昂Bubion
安特蓋拉Antequera
薩哈拉德拉西艾拉Zahara de la Sierra
奧維拉Olvera
格拉薩萊馬Grazalema
塞特尼爾Setenil
阿爾克斯Arcos de la Frontera
隆達Ronda
馬拉加Málaga
卡地斯Cádiz
西美納Jimena de la Frontera
米哈斯Mijas
維哈Vejer de la Frontera

Costa de la Luz
大西洋 Atlantic Ocean
太陽海岸 Costa del Sol
地中海 Mar Mediterraneo
N

異族文化**所遺留下來的清真寺、羅馬城堡、教堂等建築，是**安達魯西亞歷史**的見證。**

怎麼玩白色山城
才聰明？

怎麼玩白色山城才聰明？

包車旅遊更方便

以較大城鎮為根據地，請計程車司機兼任領路人當天來回，**一天可能拜訪3個白色山城以上**，雖然價格貴上許多，但時間上比較有效率。

注意巴士時刻表 白色山城的巴士**班次不多**，通常一天只夠拜訪1到2個城市，出發前最好先詢問清楚往返的班車時刻表，以免不小心錯過回程的時間。

搭巴士小Tips 小鎮巴士站服務人員大多不通英文，最好將預計前往的地名寫下，**直接筆談會比較清楚**。

↑往火車站和巴士站

隆達

Hotel Catalonia Reina Victoria Wellness & Spa
Plaza del Socorro
鬥牛場 Plaza de Toros
西班牙廣場 Plaza de España
新橋 Puente Nuevo
摩爾王之家 Casa del Rey Moro
隆達國營旅館 Parador de Ronda
瓜達雷敏河 Río Guadalevín
莎爾瓦提拉爵宮 Palacio del Marqués de Salvatierra
阿拉伯澡堂 Baños Árabes
蒙德拉貢宮殿 Palacio de Mondragón
聖母教堂 Iglesia de Santa María
Plaza Mondragón

◎景點 ✝教堂 ▣廣場
ℹ遊客服務中心 Ⓗ飯店

Did YOU KnoW

為什麼這裡的房屋都是白色的？

有關這個答案流傳著不同說法，有一說是為了表達當地居民們一致性的認同感，也有人說是因為古代相傳白色石灰具鹼性可以抗菌，還有一說是沿襲了曾統治過這裡的阿拉伯人的習慣。但根據調查，許多城鎮都是在被列入文化遺產獲得維護資金後，才開始大規模的粉刷。

著名的作品都來這裡取景！

導演Francesco Rosi於1984年到此拍攝電影版《卡門》，而海明威也有三本著作：《戰地鐘聲》、《午後之死》及《危險夏日》，以隆達為故事背景。

隆達
Ronda

隆達可以說是最大、最容易到達、景觀又最令人印象深刻的白色山城，也是西班牙最古老的城鎮之一。瓜達雷敏河(Río Guadalevín)河谷將隆達分成新舊兩城，跨過新橋(Puente Nuevo)即抵舊城，許多建築、民宅立足於山崖邊，景象十分壯觀。尤其是入夜後，寂靜的石板路、昏暗的街燈，彷彿回到中古時代。

🚂◎從馬德里的阿托查火車站搭乘往Algeciras方向的火車前往，車程約4小時，每天2班。 ◎從格拉那達坐火車出發，車程約2.5~3小時，每天2班。 ◎從哥多華坐火車出發，車程約2小時，每天2班。 • 西班牙國鐵 🌐www.renfe.com • 旅遊服務中心 🏠Paseo de Blas Infante s/n ☎952-187119 🌐www.turismoderonda.es

新橋Puente Nuevo

在隆達，即使不參訪任何景點，只要往新橋上一站，立刻覺得不虛此行。

新橋的橋身一共分為3個部分，橋身下端中央有一座高達90公尺的拱門，以及兩座小型的側拱門與路面相銜接，下方落差高達100多公尺的峽谷，是當地最著名的景觀，如果體力夠好，可以沿著峽谷步行到溪谷看台，仰望新橋橫跨峽谷的壯觀景象。

⚑P.201　🚶從火車站步行約15~20分鐘　🏛Plaza de España後方

Did YOU KnoW

善用地形的處決方式！

在1930年代西班牙內戰時，新橋橋拱中有個房間被當作囚禁死刑犯的監獄，傳說當時簡便的處決方式，就是將死刑犯從囚禁的房間窗戶推出去，讓人直接跌落深不見底的斷崖峽谷，想想都恐怖…

蒙德拉貢宮殿Palacio de Mondragón

內部以摩爾式或穆德哈爾風格為主的蒙德拉貢宮殿，曾經是摩洛哥蘇丹之子Abomelic、伊斯蘭教格拉那達國王、甚至天主教雙王的皇宮，裝飾著馬賽克磁磚鑲嵌和馬蹄狀拱門，坐落著多座伊斯蘭教式中庭。目前作為市立考古博物館(Museo Municipal)的所在地。

這座建築的立面以石塊堆砌，窗戶兩側則有愛奧尼克式石柱。

⚑P.201　🚶從新橋步行約5分鐘　🏛Plaza Mondragón 5　☎952-870818　🕐春夏季平日10:00~19:00、週末及假日10:00~15:00，秋冬季平日10:00~18:00　🚫1/1、1/6、12/25　💶全票€3、優待票€1.5　🌐www.museoderonda.es　🎫週三免費參觀

內部有一座18世紀的中庭，是這座宮殿裡第一座庭、也是最重要的中庭，又名著水池庭院。

阿拉伯澡堂 Baños Árabes

從舊城往東走，站在崖壁上向下俯瞰，可以望見舊橋(Puente Viejo)和聖米蓋橋(Puente San Miguel)，順著橋的方向往下續行，經過菲力浦五世之門(Puerta de Felipe V)後不久，即可看見幾乎只剩廢墟的阿拉伯澡堂。這座歷史回溯13世紀末到14世紀初的阿拉伯澡堂，是西班牙保留至今少數規模較大的同類型建築。

⚑P.201　🚶從新橋步行約15~20分鐘　🏛Calle San Miguel s/n　☎952-187-119　🕐週二至週五09:30~20:00，週六及週一10:00~14:00，週日及週末10:00~15:00　🚫1/1、1/6、12/25　💶全票€4.5、優待票€3　🌐www.juntadeandalucia.es

內部大致分成三大區，馬蹄狀的拱門撐起上方開鑿星星狀透氣孔的天花板。

塞特尼爾
Setenil de las Bodegas

塞特尼爾位在卡地斯省的東北方,當地地形特殊,特雷荷河(Río Trejo)穿過小鎮,沿岸民居多依崖壁而建。這類民居屋內冬暖夏涼,若有機會一探究竟,即可見自然扭曲或不甚平順的牆壁與室內樓梯,最具代表性的街道,就是向陽岩洞(Cuevas del Sol)和向陰岩洞(Cuevas de la Sombra)。

▲P.200 ◉從隆達搭乘Autobuses Paco Pepe巴士公司的車前往,車程約1小時,週一至週六每日約3班車,週日和假日停駛。**Autobuses Paco Pepe巴士** ⓦ www.grupopacopepe.com。旅遊服務中心 ⓘCalle Villa S/N ☎ 616-553-384 ⓦturismodesetenil.com

右側直書:
伊斯蘭教和天主教兩大勢力經常爭奪此地的統治權,山丘上的制高處至今還存在著8世紀摩爾人所建的城堡。

從城堡的頂端望下去,一邊是層層疊疊的白牆屋宇、另一邊是青山綠水交織的畫面。

右側直書:
鎮上有些餐廳刻意不粉飾室內牆面,讓顧客體驗當地的「半穴居」。

薩哈拉德拉西艾拉
Zahara de La Sierra

位於格拉薩萊馬自然公園(Parque Natural de Sierra de Grazalema)的北側,從南方趨近,只見這個白色山城以底部的一個大水壩為背景,天氣好的時候,白色的房舍被包圍在青山綠水裡,像幅畫一般,說它是最美的白色山城也不為過。

▲P.200 ◉從隆達搭乘Transportes Generales Comes巴士公司的車前往,車程約1小時,平日每天約3班車,週六、日及假日停駛。**Transportes Generales Comes巴士** ⓦwww.tgcomes.es。旅遊服務中心 ⓘ Villa Medieval旁 ☎623-475906 ◉09:00~14:00、18:00~21:00 ⓦwww.zaharadelasierra.es

右側直書:
安達魯西亞：白色山城

原是一座監獄的仁慈修女修道院(Convent des Dechaussees de la Merci)，過去監控犯人的刺馬窗戶，迄今仍安在牆上。

聖佩德羅教堂(Iglesia de San Pedro)原為15世紀阿拉伯防禦建築。教堂裡收藏著往年聖週遊行活動的聖母和耶穌像，卡地斯(Cadiz)省最古老的聖壇也在館藏之列。

建立在清真寺遺址上的聖母教堂(Basílica de Santa María)，立面上刻的是聖母、San Pedro以及San Pablo的雕像。

阿爾克斯
Arcos de la Frontera

　　阿爾克斯的名稱有兩個起源：一說來自Arcobrigan，意即「拱門」，難怪城中經常可見橫跨兩牆之間的拱門；另一說是Arx-Arcis，意指「高處的防禦城」，和後來名稱中的後半部「邊界」意思相同。主要景點集中於舊市區，坐落著市政廳的Plaza del Cabildo是本鎮的核心所在；位於市政廳後方的15世紀城堡，曾是阿爾克斯公爵的府邸。

📍P.200　🚌從塞維亞或隆達搭乘Damas巴士公司的車前往，車程約2小時，每天有1~2班車。阿爾克斯的巴士站位在新市鎮區。步行前往舊城鎮Corredera街約15~20分鐘 • Damas巴士　☎959-256-900　🌐damas-sa.es • 旅遊服務中心　🏠C/ Cuesta de Belén 5　☎956-702264　🌐www.turismoarcos.es

Did YOU KnoW
能在這裡穿梭自如才算的上是神車手！

阿爾克斯整座城由於沿著山坡建造，城內街道常是斜度甚大的陡坡，再加上古城街道狹窄，大大小小拱廊下的小巷甚至不到一台小車的寬度，常見當地人將後照鏡都收起來才有辦法通過，無疑是考驗駕駛技術的絕佳地點啊！

城堡(Castillo Árabe)的中央堡壘與瞭望塔至今仍完整保留下來，附設城堡博物館(Museo "La Frontera y los Castillos)。

主教堂(Iglesia Arciprestal de Ntra. Sra. de la Encarnación)原為清真寺，18世紀時改為新古典風格，由當時領主歐蘇納公爵下令建造。

奧維拉是安達魯西亞優質橄欖油的產地之一，城堡後方可見遍佈山坡的橄欖林。

奧維拉
Olvera

　　奧維拉位於卡地斯山脈(Sierra de Cádiz)的西北方，這座山城的過往並不平靜，尤其當基督教勢力從塞維亞南移，原由摩爾人統治的奧維拉曾多次易主。轟立山巔的城堡、保留伊斯蘭教樣式的大教堂、沿山坡而建的白屋、城鎮在陽光的照耀下像是打翻珍珠寶盒般閃閃發亮。

📍P.200　🚌從隆達搭乘Damas巴士公司的車前往，車程約1.5小時，平日約1班車，週末停駛 • Damas巴士　☎959-256-900　🌐damas-sa.es • 旅遊服務中心　🏠Plaza de la Iglesia s/n　🕐10:00~20:00　☎956-120816　🌐www.turismolvera.com

維哈
Vejer de la Frontera

鋪著鵝卵石的山坡小徑、綠意盎然的民居中庭、階梯狀的白色房屋、保留完整的城牆、典型的摩爾式建築，就是維哈的樣貌。由於維哈的地勢不規則，為保護小鎮安全，10~12世紀時建造了4座城門，如今保留下來的3座都是15世紀重建過的結果。

📖P.200 🚌從塞維亞搭乘Transportes Generales Comes巴士公司的車前往，車程約3小時。

• **Transportes Generales Comes巴士**
🌐www.tgcomes.es

• 旅遊服務中心 🏠Avenida de Los Remedios 2 ☎956-451736 ⏰週一至週六10:00~14:00、17:00~20:00，週日10:00~14:00 🌐turismovejer.es

薩爾瓦多教區教堂(Iglesia Parroquial del Divino Salvador)為全鎮的信仰中心，建築本身混合著14世紀哥德式和17世紀晚期哥德式建築風格。

城牆同樣一併存留，從新市鎮遠望舊市區，可清楚看見後者四周環繞著城牆。

西班牙廣場中央有一座用塞維亞瓷磚打造的噴泉，是維哈的熱門打卡景點。

聖佩德羅教堂(Iglesia de San Pedro)，其巴洛克式的鐘塔相當醒目，得以登高眺望全鎮風光。

塞維亞城門

佩德羅國王城堡(Parador Alcazar del Rey Don Pedro)的中庭有一座摩爾式的噴泉，城堡如今改建為國營旅館。

哥多華城門

卡莫納
Carmona

卡莫納和安達魯西亞其他城鎮一樣，經歷過羅馬人和摩爾人的統治，在被費南度三世(Fernando III)收復為天主教徒的領域之前，卡莫納甚至是摩爾人的主要城市之一。而羅馬時期建造的兩道城門——塞維亞城門(Puerta de Sevilla)與哥多華城門(Puerta de Córdoba)是卡莫納重要的遺跡。

📖P.200 🚌從塞維亞的聖塞巴斯提安普拉多巴士總站搭乘Alsa巴士公司的車前往，車程約1小時，平日每30~60分鐘一班，週末和假日約7~10班。• Alsa巴士 🌐www.alsa.com • 旅遊服務中心 🏠Alcázar de la Puerta de Sevilla s/n ☎954-190955 ⏰9~6月10:00~18:00(週日及假日至15:00)，7~8月09:00~15:00(週末10:00起) 🌐www.turismo.carmona.org

安達魯西亞：白色山城

安特蓋拉
Antequera

安特蓋拉位於安達魯西亞中間，因此也被稱為「安達魯西亞的心臟」。這座城市本身就是一座古蹟，從城內到城外都有歷史的痕跡，遺跡最遠可追溯到青銅時代，其中位於市郊的巨石遺址(Dolmens)於2016年被列為世界文化遺產。

📍P.200 🚍從塞維亞、格拉那達和隆達每天約有2~4班火車前往，車程約在1小時15分鐘~1小時45分鐘不等。巴士總站在市區西北1公里處。◐西班牙國鐵 🌐www.renfe.com 🚍從塞維亞的阿瑪斯廣場巴士總站搭乘Alsa巴士公司的車前往，車程約2.5~3小時，每天2班。

🚍從格拉那達出發，車程約1~2小時，平日每天3班車，週末1班。◐Alsa巴士 🌐www.alsa.es 旅遊服務中心 📍Calle Encarnación 4 ☎952-702505 🕐週一至週六09:00~18:30，週日10:00~14:00 🌐turismo.antequera.es

當地的風乾火腿非常有名。選用肥碩豬種，以傳統方式風乾12~18月，肉質仍然軟嫩，且絕不添加防腐劑及人工色素。

這些巨石遺址均以巨石架設石室，推斷應為陵墓群。

據其採石與架設手法，可知當時已發展出卓越的建築技術，並擁有嚴謹的社會結構。

文藝復興式的巨人門(Arco de los Gigantes)落成於16世紀，裝飾著塑像、浮雕、闊口花瓶，及象徵安特蓋拉的獅子。

13世紀摩爾人以堅石累砌的城堡(Alcazaba)，前身是羅馬人的要塞，伊斯蘭教和基督徒為其戰略價值而爭戰了近兩個世紀。

當地摩爾式白屋、精采的登山活動，尤其讓外籍遊客趨之若鶩。

特列貝雷斯
Trevélez

艾爾普哈拉山區(Las Alpujarras)包括特列貝雷斯、潘帕內拉、卡畢雷拉等20多山城，位於安達魯西亞東南邊，北倚內華達山脈(Sierra Nevada)，區內1/5山峰超過3,000公尺，形成絕美的山城景觀及險峻的峽谷。

📍P.200 🚍從格拉那達搭乘Alsa巴士公司的車前往，車程約3小時，平日每天3班車，週末1班。◐Alsa巴士 🌐www.alsa.es

瓜地斯
Guadix

　　瓜地斯不同時代的移民，留下了豐富多樣的古蹟：混合有清真寺、哥德式、文藝復興式和巴洛克式的大教堂(Catedral)、深具哥德風的聖地牙哥教堂(Iglesia de Santiago)、展現17~18世紀貴族生活的佩內浮洛侯爵宮(Palacio de los Marqueses de Peñaflor)…

◆P.200　◎從格拉那達搭乘BAM巴士公司的車前往，車程約1小時，每1~2小時一班。•BAM巴士 ⓦwww.busbam.com •旅遊服務中心 ⓐPlaza de la Constitución 15/18 ☎958-662804 ◐週一至週三及週六10:00~14:00、16:00~18:00，週四至週五09:00~14:00，週日10:00~14:00 ⓦguadix.es

陶器博物館(Cueva Museo de Alfarería la Alcazaba)最大特色是洞穴式的展覽室。

城堡(Alcazaba)已屹立近10個世紀，依舊散發著無敵的氣勢。

多種建築風格於一體的大教堂。

瓜地斯的穴居建築(Cuevas)

穴居建築是瓜地斯的魅力所在，為安達魯西亞地區穴居最密集的城鎮。今日的穴居民宅內有4~8個房間，水電及家電用品一應俱全，就連車庫都有。一般認為穴居是16世紀時摩爾人的避難所，只要前往穴居博物館(Cueva Museo de Costumbres Populares de Guadix)參觀即可明瞭；若想體驗箇中滋味，不妨找間穴居旅館住上一晚。

莫哈卡隨處可見的Indalo圖騰

Indalo是古代伊比利半島居民對全能天神的敬稱，此圖像和莫哈卡北方山區的Vélez-Blanco洞穴岩畫相仿。早期，莫哈卡人將Indalo畫在門上，藉以驅除惡咒或天災，如今成了觀光圖騰，出現在T恤、陶盤、馬克杯上，造型多樣可愛。

莫哈卡家家戶戶門上掛著一個雙手扛著彎拱的人形，是當地著名的避邪標誌Indalo。

聖母教堂(Iglesia de Santa María)，這座興建於1560年代的教堂原是碉堡，氣勢與一般教堂迥異。

曲折巷弄裡耀眼的白牆和繽紛的鮮花，散發地中海混合文化的氣味。

莫哈卡
Mojácar

　　莫哈卡一面倚山，一側鄰海，依山而建的白屋小鎮和濱海戲潮區各有風情，可以說是安達魯西亞家族中最具異國情調的成員。

◆P.200　◎◎從馬德里的南巴士總站搭乘Alsa巴士公司的車前往，車程約8小時，每天2~3班。◎從Murcia(穆爾西亞)搭乘Alsa巴士公司的車前往，車程約3小時，每天3~4班次。莫哈卡分為海濱區及山城區，相距約2公里，巴士首站停靠海濱，第二站才停在山城鎮口。海濱及鎮口均設有Transportes Urbanos公車站牌，可轉搭公車至山頂城鎮中心。•Alsa巴士 ⓦwww.alsa.es •旅遊服務中心 ⓐFrontón Squares/n° ☎950-615-025 ◐10:00~14:00、17:00~19:000 ⓧ週日、1/1、1/6、12/25 ⓦwww.mojacar.es

西班牙：
馬德里
巴塞隆納
安達魯西亞

36

作者李美蒨・墨刻編輯部
攝影墨刻編輯部
特約主編李美蒨
美術設計李英娟
地圖繪製墨刻編輯部

出版公司
墨刻出版股份有限公司
地址：115台北市南港區昆陽街16號7樓
電話：886-2-2500-7008／傳真：886-2-2500-7796
E-mail：mook_service@hmg.com.tw

發行公司
英屬蓋曼群島商家庭傳媒股份有限公司城邦分公司
城邦讀書花園：www.cite.com.tw
劃撥：19863813／戶名：書虫股份有限公司
香港發行城邦（香港）出版集團有限公司
地址：香港九龍土瓜灣道86號順聯工業大廈6樓A室
電話：852-2508-6231／傳真：852-2578-9337
E-mail：hkcite@biznetvigator.com
城邦（馬新）出版集團 Cite (M) Sdn Bhd
地址：41, Jalan Radin Anum, Bandar Baru Sri Petaling,
57000 Kuala Lumpur, Malaysia.
電話：(603)90563833／傳真：(603)90576622
E-mail：services@cite.my
製版・印刷漾格科技股份有限公司
ISBN978-626-398-022-8・978-626-398-023-5（EPUB）
城邦書號KV4036 **初版**2024年6月
定價380元
MOOK官網www.mook.com.tw
Facebook粉絲團
MOOK墨刻出版 www.facebook.com/travelmook

版權所有・翻印必究

執行長何飛鵬
PCH集團生活旅遊事業總經理暨墨刻出版社長李淑霞

總編輯汪雨菁
資深主編呂宛霖
採訪編輯趙思語
叢書編輯唐德容・王藝霏・林昱霖
資深美術設計主任羅婕云
資深美術設計李英娟
影音企劃執行邱茗晨

資深業務經理詹顏嘉
業務經理劉玫玟
業務專員程麒
行銷企畫經理呂妙君
行銷專員許立心
行政專員呂瑜珊

印務部經理王竟為

西班牙：馬德里・巴塞隆納・安達魯
西亞／李美蒨，墨刻編輯部作.
一初版，一臺北市：
墨刻出版股份有限公司，2024.06
208面；16.8×23公分.-
（City target;36）
ISBN 978-626-398-022-8（平裝）

1.CST：旅遊 2.CST：西班牙

746.19　　　　　113006364

墨刻整合傳媒廣告團隊
提供全方位廣告、數位、影音、代編、
出版、行銷等服務
為您創造最佳效益
歡迎與我們聯繫：
mook_service@mook.com.tw